婚姻的审美效力

Ægteskabets æsthetiske Gyldighed

[丹麦] 索伦 · 克尔凯郭尔　著
阎嘉　译

外语教学与研究出版社
北京

雅众文化 出品

Les grandes passions sont solitaires, et les transporter au désert, c'est les rendre à leur empire.

伟大的激情都是隐士，把他们送到荒漠去就是把他们移交到属于他们自己的国度。

——夏多布里昂*

* 英译注（以下若无额外说明均为英译注）：弗朗索瓦–勒内·德·夏多布里昂，《阿达拉或荒漠中两个野蛮人的爱》（巴黎：1801），第 83 页。参见《非此即彼》第一部卷首语，《文集》卷 3。

我的朋友，

你最先看到的这几行文字，是我最后写下的。我写下它们，是为了再次尝试把我广泛的研究浓缩为书信形式，从而传达给你。这几行与最后几行文字相互呼应，并与之共同构成了一个信封，因此，它们以一种外在的方式，表明了你所读到的是一封信，这也是其内容试图带给你的印象。将之视为我写给你的信——这个念头我一直都不愿意放弃，部分因为我的时间不足以完成撰写一篇论文的工作，部分因为我不愿失去这个机会，我希望用与书信体相适应的、更具忠告性和更急切的语气称呼你。你实在是擅长在任何事情上都泛泛而谈的说话艺术，从而使自己与之没有什么牵扯，这使得我没法调动你的辩证力量来对你进行诱导。你知道，当大卫王自以为懂得了先知拿单对他讲的那个比喻，但却不愿意接受那比喻适用于他的时候，拿单是怎么办的吗？为了确保他明白，拿单补充道：王啊，你就是那人。[1]同样，我也一直试图提醒你，你就是被谈论的那个人，你就是我与之交谈的那个人。因此，我毫不怀疑，在你阅读它时，你将不断拥有在读一封信的印象，哪怕你也许会在意这样一件事情：那纸张的开本并不适合于书信。作为一名公务员，我习惯于在满幅纸上书写，也许，这有好的一面，这或许能使你觉得我的话带有某种官方的特质。你以此方式收到的这封信很长，如果用邮局的秤来衡量的话，这会是一封邮费很贵的信；如果用一个灵敏的、用于批判分析的金衡来衡量的话，它也许会显得非常微不足道。因此，我请你不要使用任何这样的秤，不要使用邮局的秤，因为信到了你那里不是要转寄，而是要你留存；也不要使用批判分析的金衡，因为我不愿意看见你使自己犯这样一种令人不快且不妥的误解。

如果在你之外还有什么人看到这种探究，[2]他肯定会认为这是极其荒谬和不必要的。如果他是一个已婚男人，他也

1 参见《旧约·撒母耳记下》12：1—7。参见《为了自我检验》，《文集》卷21。

2 参见《增补》，第371—372页（《论文》卷3-B，第182页）。有关草稿中的段落标题，参见《增补》，第372页。

许会带着一种男性家长的快活口吻大叫道：是啊，婚姻就是生活的美学；如果他是一个年轻人，他也许会相当含糊和不假思索地插话说：不错，爱情，你就是生活的美学。可是，这两种人都无法理解我何以竟有了想要拯救婚姻的美学声望的念头。确实，这并没有使我赢得那些已经当上或即将成为丈夫的人们的感激，反倒使我变得很可疑，因为拥护者必然谴责异己。为此，我要感谢你，因为我从来就没有怀疑过，我爱你如同爱儿子，如同爱兄弟，如同爱朋友，尽管你有着那些稀奇古怪的个性；我以一种审美式的爱（Kjærlighed）来爱你，因为有一天你也许会为自己离经叛道的行为找到一个中心；我为你的热情、你的激情、你的脆弱而爱你，这种爱具有宗教之爱的恐惧与颤栗，因为我在你身上看到了各种偏离正轨的行为，因为在我看来，你完全不同于天才那一类人。当我看见你突然转向时，看见你像一匹野马那样跳起来、前冲后撞时，那时，是的，那时我便放弃了所有那些不足取的教育方式，但我的确想到了一匹无法阻挡的马，也看见了那只抓住缰绳的手，看见了在你头上扬起的严厉的命运之鞭。然而，当这种讨论最终牵涉到你时，你也许会说：不错，毫无疑问那是他所承担的一项重大任务，但现在也让我们看看他是如何完成那项任务的。也许，我对你说话太温和；也许，我对你太宽容；也许，我应当更多地对你行使我的权威，尽管你很骄傲；也许，我完全不应该在这个问题上与你纠缠，因为你在很多方面确实是一个败坏的人，越是与你纠缠，事情就越是糟糕。也就是说，你从根本上而言并非婚姻的敌人，可是你滥用自己讥讽的表情和带有挖苦的嘲笑来奚落婚姻。

在这个方面，我承认，你并非在装模作样地打斗，你打出了重重的几拳，并具有敏锐的观察力，但是，我也要说，这也许就是你的错。你的生活除了不坚定的生存努力之外什么都算不上。你大概会回答说：这总比坐在琐事的列车上旅行，如微粒般迷失在生活的社交群体之中要好些。[1]重说一遍，无法说你讨厌婚姻——迄今为止，你的思想实际上从来就没有走到那么远，至少你没有被婚姻所震撼且心生反感。因而，请你原谅，我认为你没有充分思考过这个问题。你更喜欢一见倾心。你懂得如何沉潜下来，隐藏在梦幻的、沉醉于爱情的灵异洞察力（clairvoyance）之中。可以说，你把自己完全包裹在那极薄的蜘蛛网中，然后坐在其中等待。但是，你并不是个孩子，不是一个正在觉醒的意识，[2]因此，你的目光具有另一种意义，而你对此却很满意。你喜欢偶然邂逅。

1 有关本句的更多讨论，参见《增补》，第 372 页（《论文》卷 3-B，第 41 页，第 2 行）。

2 参见《非此即彼》第一部，第 75—78 页，《文集》卷 3；《增补》，第 372 页（《论文》卷 3-B，第 41 页，第 3 行）。

某个有趣情景中一个漂亮女孩的微笑，偷偷的一瞥，都是你猎取的对象，也是你漫无目的幻想的动机。你始终都以观察家（observateur）自居并为此自豪，同时，却不得不容忍自己成为被观察的对象。

我要提醒你一件事情。你偶然与一个年轻漂亮的女孩同桌而坐（当然，必须强调偶然性这一点；此外，你既不知道她的社会地位，也不知道她的姓名、年龄等等），她冷漠得对你不屑一顾。你一时不知所措，不知道这仅仅是因为她的拘谨（Sprödigkeit）[1]，抑或是除此之外还感到窘迫，如果加以适当的解释，也可以将她置于一个有趣的情景之中。她正对镜子坐着，你可以从镜子里看见她。她朝那个方向投去了羞涩的一瞥，却不曾料到你的目光早已盯住了那里。当你的目光与她的目光相遇时，她的脸一下子红了。你像银版照相那样精确而迅速地捕捉到此种细节。众所周知，哪怕是在最糟糕的天气里，银版照相这一技术也只需要半分钟时间。

啊，你这个奇怪的家伙，一会儿是个孩子，一会儿是个老人；你一会儿特别认真地思考着最重要的学术问题，以及如何把自己的生命投入其中，一会儿又是一个害相思病的傻瓜。可是，你同婚姻的距离还很遥远，但愿你的守护神让你

---

1 原文中的这一德语单词使用了丹麦语字母 ø，而不是德语字母 ö。

远离错误的道路，因为我有时似乎在你身上发现了想要扮演一个小宙斯的各种迹象。你在自己的爱情方面是那么游刃有余，我猜你幻想每个女孩都会向往成为幸运儿，当一个星期你的心上人。现在,你可以重新开始自己在爱情方面的研究，还有你在美学、伦理学、形而上学、世界主义和其他领域的研究。人们不可能真的对你发火，你心中的恶，就像中世纪的罪恶观念一样，具有某种附带的善良本质和孩子气。就婚姻而言，你始终都只是一个观察者，而只想当一个观察者本身就存在着某种叛逆的东西。你经常使我很快乐——是的，我确实承认这一点，可是，你也经常用你那些故事来折磨我，说你如何骗取了一个又一个已婚男人的信任，为的是看看他们在婚姻生活的沼泽里陷得有多深。你确实具有探察别人生活的才能。我不否认这一点，此外，每次听你讲述婚姻的后果，或是看你兜售某种新鲜的观察时兴奋的样子，我也会感到兴致盎然。然而，老实说，你这种心理学式的兴趣并不严肃，更多的是一种疑病症般的好奇。

现在回到主题上来。我必须把两件事视为我的特殊任务：揭示婚姻的审美意义，以及展示如何在困难重重的生活中保持这一审美。不过，为了使你承认，阅读这篇小文章会帮你建立起更大的信心，我总会从一小节论辩性的序言开始，其中将对你的嘲讽性的观察做适当的讨论。我这么做就好像是付足了被勒索的钱财给那些海盗城市，[1]这样一来，我才能平静下来致力于自己的事业，因为我仍然在建设自己的事业，我本身就是一个已婚男人，在为婚姻而奋斗——为了保卫社稷和家园（pro aris et focis）。[2]我向你保证，这个主题在我心里久久不去，以至我这个平时写书念头不太强烈的人，这次都想要这么做，以期能从地狱里拯救自甘堕落的婚姻，哪怕一桩也好，或者能使一些人更好地认识到婚姻这项被赋予人类的最美妙的任务。

为了安全起见，我偶尔会提及我妻子和我与她的关系，并非意在把我们的婚姻当作一个标准的例子，而是另有原因：一方面那些凭空编出的诗意描述通常都没有多少使人信服的力量，另一方面我认为重在表明，即使在日常生活中也有可能保持审美。你认识我已经很多年了，认识我妻子也有五年了。你认为她相当漂亮，格外迷人，我也这么认为。不过，我非常了解，她在早晨不如晚上那么美。她有些许近乎病态的悲哀，要到一天晚些时候才会消失，只有在晚上她忘了那悲哀时，才真正变得美丽动人。我非常了解，她的鼻子并非

1 曾有一度，阿尔及尔、突尼斯和的黎波里是著名的海盗城市，向受到它们保护的海盗船收取保护费。

2 西塞罗，《论神性》卷 3，第 40 页；《西塞罗全集》卷 1—4 及索引，约翰·奥古斯特·欧内斯蒂编（哈勒：1757）卷 4，第 604 页；《西塞罗的〈论神性〉与〈学园派〉》，H. 拉克姆译（洛布，纽约：1933），第 380—381 页。

完美无瑕，它太小，但仍然冒失地面对着世界，我知道这个小鼻子给我们提供了那么多取笑它的机会，我就算有能力，也不会许愿让她有一个更美的鼻子。与你那么热衷的事情相比，这为生活中的偶然事件赋予了深刻得多的意义。我要为这种美好感谢上帝，并忘却不好的一面。

然而，上述这些并不那么重要，但有一件事是我要用全部心灵感谢上帝的，即她是我唯一爱过的人，也是我的第一个爱人；有一件事是我要用全部心灵恳求上帝的，即请他赋予我力量，让我绝不想爱别的任何人。这是一种对家庭的忠诚，她也具有这一品质，因为有她分享这一点，每种情感、每种情绪，对我来说都获得了更高的意义。所有情感，哪怕是最崇高的宗教情感，如果人们始终孤身一人与之相伴，那么，就会显现出某种惰性。在她面前，我既是牧师，也是教徒。如果有时我变得缺乏爱心以致没有念着这份善意，过于粗鲁以致没有为此而感激，那么，她就会提醒我。你看，我的年轻朋友，这并不是最初迷恋时的调情，不是在想象的情欲中冒险，就像每个人在订婚阶段几乎都会做的那样，向自己和所爱的人提问：她以前是否恋爱过，或者他自己以前是否爱过什么人。这是生活的严肃性，然而，这并非是冷酷的、丑陋的、毫无情欲和毫无诗意的。我确实热切地感到了，她真的爱我，我也真的爱她，这并不是说我们的婚姻不像其他多数人的一样随着岁月变得稳定，而是说，我仍然乐于使我们最初的爱意不断焕发出活力。这样一来，婚姻对我来说就既具有了审美意义又有了宗教意义，因为上帝对我来说还没有变得那么超越现世，以致他不关心他在男女之间所订立的契约，我也没有变得那么精神化，以致生活的世俗方面对我来说已经毫无意义。凡是可以同婚姻相结合，那些暗含在异教情欲中的美，在基督教里都具有其效力。我们让最初的爱意重焕活力，不只是悲哀地回顾往昔，也不只是诗意地追忆过去的经历——所有这类事情都使人精疲力竭；这是一种行动。毕竟，人们对追忆感到餍足的时刻很快就会到来，应当尽可能使生命的源泉长久流淌下去。

然而，你实际上是以掠夺为生的，你蹑手蹑脚地悄悄走近人们，从他们那里偷走他们幸福的、无比美好的时光，然后像施勒米尔的故事[1]里那高个男人一样把这幅幽灵般的图画放进你的兜里，一有需要就拿出来。你无疑会说，那些相关的人没有因此丧失什么，他们自己也许都不知道自己最美好的时光是何时。你认为，他们倒是应当感谢你，

---

1 阿德尔贝特·冯·夏米索，《彼得·施勒米尔的奇妙故事》（纽伦堡：1835），第 19—20 页；《彼得·施勒米尔的奇妙故事》，弗雷德里克·沙尔德莫斯译（哥本哈根：1841），第 11 页；《彼得·施勒米尔的奇妙故事》，艾尔沙·巴雷亚译（埃玛乌斯，佩恩：无日期），第 10 页。（故事讲述了贫穷的年轻人施勒米尔向一个神秘男人出卖自己的影子换得钱财，赢得爱情，最终却因没有影子而被世人鄙夷，失去一切的事。——编者注）

正是因为有你对光线的研究，有你的魔术公式，他们才能以蜕变的样貌出现在难得的时刻，置身于超自然的广阔世界中。也许，他们不会因此丧失什么，然而，他们是否保留了那些对他们来说始终都很痛苦的回忆，这仍是个疑问。但是，你的确有所丧失；你丧失了自己的时间、宁静、对生活的耐心，因为你自己非常了解你多么缺乏耐心，你曾经写信对我说，拥有承受生活重担的耐心的确是一种了不起的美德，你甚至没有活下去的耐心。[1]你的生活完全瓦解在这样一些有趣的细节里。如果在这样的时刻激励你的力量能够在你身上成形，并紧密伴随着你的生活，那么，你肯定会做出某种了不起的事情，因为你自己在这样的时刻蜕变了。

你身上有一种不安，盘旋其上的却是明朗而清晰的意识；你的整个灵魂都集中在这一点上，你的理智为此设计出了一百个计划；你对攻击做好了一切准备，但它单单在某一点上失败了，接着，你那近乎恶魔般的辩证法立刻做好准备解释所发生的事情，以使之有利于新的行动计划。你不断盘旋于自我之上，无论多么关键的每一步，你总要为自己留下一种解释的可能性，用一句话就能改变一切。此外，你完

1　参见《非此即彼》第一部，第 29—30 页，《文集》卷 3。

全是个情绪的化身。你的两眼炯炯有神，或者更准确地说，它们就像一百道搜寻的目光在同时闪亮；你的脸上掠过了游移不定的神色；你自信地依赖于自己的计算，却格外不耐烦地在等待——是的，我亲爱的朋友，在一切都说尽和做尽之时，我确实认为你在自欺欺人，当你在说在一个人幸福的时刻抓住他时，你所抓住的不过是自己的罕见情绪。你的紧张感带来了创造性。这就是为什么我认为对别人来说，这没有什么害处，而对你来说，则是全然有害的。在这背后，真的就没有某种巨大的不忠实吗？你大概会说，他人与你自己毫无关系，他们反而应当感谢你未曾像喀耳刻那样，凭你的触摸就把他们变成了猪，[1] 而是把他们从猪变成英雄。你认为，如果有人真的信任你，那么，情况就会完全不同，但迄今为止，你从来就没有遇到过这样的人。你的内心被触动了；仅仅想到你乐意为他牺牲一切，你就融化在了炽热的情感之中。我并不否认你具有某种乐于助人的善良天性，例如，你在帮助穷人方面的确做得很不错，你有时也表现出某种高贵的文雅，尽管如此，我还是认为这底下掩藏着一种贵族式的排他性。

---

1 参见荷马《奥德赛》卷 10，第 237—240 页；《荷马的〈奥德赛〉》，克里斯蒂安·韦尔斯特译（哥本哈根：1837），第 137 页；《荷马的〈奥德赛〉》卷 1—2，A. T. 默里译（洛布，纽约：1927—1929），卷 1，第 363 页。

我不会就与此相关的某些有失偏颇的表现来针对你，像这样完全掩盖你身上可能有的那种善良会是可悲的，但我真的想提醒你的，是你生活中的一件小事，提起它不会对你造成任何伤害。你曾告诉我说，有一次散步时，你走在两个贫穷女人的后面。此刻，我对那情景的描述也许没有你匆匆向我跑来、完全专注于这个念头时的描述那么生动。那两个女人来自济贫院。她们也许经历过更好的日子，却忘记了这一点，而济贫院恰恰不是一个偏爱希望的地方。她们中的一个人给了自己和同伴每人一小撮鼻烟，说道：啊，我要是有五个银币该多好！[1] 她自己也许会对这种大胆的愿望感到吃惊，当然，那就像任何类似的愿望一样在路堤间回响，无人应答。你走近了。你早已拿出了自己的钱包，在做出那关键性的举动之前取出了与五个银币价值相当的纸币，因而那情景保持着适当的紧张感，使得她不会过早地有所预感。你带着一种近乎奉承的、与你的奉献精神相称的礼貌态度走近了，给了她钱后就消失了。你非常高兴地想到那会给她留下的印象，也许她从中看到了神圣的天意，也许她那饱经痛苦而早已形成某种反抗精神的心灵，反而会蔑视在这里具有偶然特征的神圣天意。你详细叙述说，这为你提供了一个机会去思索，

---

1 当时，一个银币大约值五美元（1973 年的比价）。

这样一种偶然表达出来的愿望完全偶然地得以实现，是否会把人推向绝望的境地，因为生活的实在性（Realitet）[1]在其最深刻的根源上被否定了。因而，你想要的就是扮演命运的角色，实际上使你惊喜的是由此编织出来的反思的多重性。我乐于向你承认，你完全具备扮演命运这一角色的品质，因为这个词语包含了所有最不稳定、最变幻莫测的概念；就我而言，我在生活中则容易满足于一种不那么独特的角色。[2]此外，在这件事情中，你可以看到一个例子，它也许可以阐明你富于想象的冒险在何种程度上会对人们产生有害的影响。在你看来也许不错，你给了一个贫穷女人五个银币，满足了她最奢侈的愿望。然而你自己也承认，这对她的影响恰恰会使她诅咒上帝，正如约伯的妻子劝他做的那样。[3]你很可能会说，这些后果超出了你的能力，如果有人要照这样去推测各种后果的话，那就完全无法行动了。可是，我要回答说：当然可以采取行动。如果我有五个银币，我也可能会给她，但我也会意识到，这与试验无关。我坚信神圣的天意肯定会把一切

1 克尔凯郭尔很少使用 Realitet（实在性）这个词，而经常使用 Virkelighed（现实）一词。“实在性”的主要含义是真实性、效力，“现实”则强调在时间和空间中的存在与生成。参见《日记与论文》卷 3，第 3651—3655 页，第 900—903 页，尤其是第 902—903 页。

2 有关本句的更多讨论，参见《增补》，第 372 页（《论文》卷 3-B，第 41 页，第 4 行）。

3 参见《旧约 · 约伯记》2：9。

引向最好，我在那一刻感觉到卑微的自己成了它的工具，为此，我没有任何可以责备自己的地方。

你的生活是那么不确定，那么悬而未决，以至你甚至能根据这种不确定来进行判断，是否那有时给你以很大影响的、带有忧郁气质的敏感和诡辩会蛊惑你陷入一系列后果之中。为了使自己从中解脱，尽管徒劳无功，你仍要穷追不舍地试图再次找到那个贫穷女人，为的是观察那件事对她有什么影响，“以及什么是让她受到影响的最好方式”，因为你始终都没有改变，从来都没有变得更加高明。你激情满怀，无疑也可以怀着激情下定决心忘却你那些伟大的计划。简言之，对你来说，与寻找那个贫穷女人这一念头相比，你的研究，甚至一切都可能变得毫不重要，哪怕那女人很有可能死去很久了。通过这种方式，你力图弥补自己犯下的错误，也正因如此，你的人生任务本身变得如此有争议，以至人们可以说，你同时想成为命运和我们的主，而我们的主本身都无法完成这一任务，因为他只是独一无二的存在者。你所展现出的热情非常值得嘉许，但你仍然没有觉察到，自己的热情反倒逐渐显示出你所缺乏的，完全缺乏的，就是信仰。你没有把一切都托付给上帝以拯救自己的灵魂，你没有走这条捷径，却偏偏要走无穷迂回的、很可能永远都不会带你到达目的地的路。你非常有可能说：是的，如果事情就像这样，那就没有必要采取行动了。我对此的回答是：当然，如果你相信在这世界上有一个属于你自己的位置，你在那个位置上应当集中自己的一切活动；但像你那样去采取行动，则无疑会濒临疯狂。你会说，即使你双手合十，让上帝来关心所有事情，那女人也非常有可能得不到帮助。我对此的回答是：非常有可能，但你会得到帮助，而且如果那女人同样将自己托付于上帝的话，那么她也很可能得到帮助。你就没有看出来吗？如果你真的穿上旅游靴漫游世界，浪费自己的时间和精力，那么，你就会错过另外的一切活动，那些活动也许会在以后的某个时刻使你感到痛苦。但我要重复——你的这种变幻无常的存在，不正是表明了你没有信仰吗？可以说，在这种情况下（in casu），通过漫游世界去寻找那个贫穷女人，你似乎的确会表现出一种格外的忠诚，因为你这样做并非出于自私；这与情人寻找所爱不一样，不，这是纯粹的同情。我会回答说：你确实应该避免把这种情感称为自私，确切地说，那是你一直以来的叛逆式的傲慢。你藐视由神的律法或人的律法所确立的一切，为了摆脱它们，你紧抓住偶然的东西不放，在这件事里，偶然的东西就是那个你不认识的穷女人。至于你的同情，它非常有可能是纯粹的同情——为了你的试验。从所有方面来看，你忘却了自己在世界上的存在不可能只以偶然的东西为基础来衡量，一旦你把偶然的东西当作首要的因素，你就完全忘记了自己还欠那些与你最亲近的人们什么东西。我非常了解，你并不缺乏掩人耳目的诡辩式的精明，也不缺乏轻描淡写的嘲讽式的机敏。因此，你大概会回答说：我并没有傲慢到幻想自己是那个能为整体而行动的人——我把这一点留给那些卓越的人；我只要能为某件特殊的事情而行动就满足了。但是，这基本上是一个弥天大谎，因为你完全就不想行动；你想进行试验，你从这出发，带着极度的厚颜无耻来看待一切。行动始终都是你嘲弄的对象，你曾有好多天都沉迷于谈论一个死法滑稽的人：要不是他死得那么滑稽，人们本来对他生命的意义一无所知，但现在，人们的确可以说他没有虚度此生咧。[1]

再说一遍，你想成为的就是——命运。现在暂停一下。我不打算向你布道，但我知道你对严肃性抱有尤为深切的敬重，任何有能力在你身上唤起它的人，或者足够信任你从而使这种严肃性在你身上得以彰显的人，我知道，都将在你身上看到一个全然不同的人。想象一下吧，以那至高者为例，想象一下全能的万物之源，天堂里的上帝只对人们显现为一个谜团，让整个人类在这种可怕的不安之中飘荡——难

1 参见克尔凯郭尔，《书信与文献》第217封信，《文集》卷25。

道你的内心深处没有任何东西反抗这一点，难道你在任何时刻都能忍受这种痛苦，你在任何时刻都能让自己的思想理解这种恐惧？然而，他或许会说（请允许我大胆使用这些傲慢的词语）：人类与我有什么关系？可是，正因为事情完全不像这样，当我宣称上帝是不可理解的时候，我的灵魂使自身上升到了顶点。正是在我极乐的那些时刻，我才会说：不可理解，因为他的爱是不可理解的；不可理解，因为他的爱超出了一切理解。[1]当“不可理解”被用来描述上帝时，就意味着其至高无上。而在被迫用来描述人类时，则始终都意味着一种缺陷，有时是一种罪。基督没有把“与上帝平等”视作一种劫掠，而是把它当作一种自谦，[2]反倒是你想把赋予你的智性禀赋视为一种劫掠。

思考一下吧，你的生命正在消逝，对你来说，那个时刻终将来临：那时，你的生命到了终点；那时，你再也找不出生命中任何进一步的可能性；那时，只留下了追忆，追忆，但并不是在你那么喜欢的意义上，不是那种虚构与真实的结合，而是你的良心所进行的严肃的、忠实的追忆。要提防，免得它为你列出一张清单——可想而知，不是关于实际的

1　参见《新约·腓立比书》4：7。

2　参见《新约·腓立比书》2：6。

罪行，而是关于种种被荒废了的可能性、种种幽灵般的图画，你不可能驱赶掉它们。你还很年轻：你的理智活动十分敏捷，富有朝气，而且引人注目。人们会为看见这样一个小丑而吃惊不已，这小丑关节柔韧，摆脱了一切步法和姿势的约束；就理智活动而言，你便是如此——就像你可以用双脚站立一样，你也完全可以用自己的头来倒立。对你来说一切都有可能，你可以借这种可能性使自己和他人感到惊异，但那并不利于健康，为了你自己心灵的安宁，我恳请你有所提防，以免对你来说有利的东西最终变成一种诅咒。任何有信念的人都不可能愿意使自己和万物全变得如此颠三倒四。因此，我不是告诫你要提防世界，而是告诫你要提防你自己，并且告诫世界要提防你。我可以肯定，如果我有一个在这个年纪、可能受到你影响的女儿，那么，我会强烈警告她，尤其是假如她也极为聪明的话。告诫别人要提防你，理由难道不充分吗？因为我——我仍然幻想自己能够比得上你，如果不是在敏捷方面，至少也是在稳定和坚定方面，如果不是在反复无常和才华方面，至少也是在忠贞方面——实际上我有时带有某种不情愿的心态，感到你使我迷惑，我被你的华而不实、你在嘲弄一切时那貌似天性善良的机智冲昏了头脑，我被你生活于其中的那种审美的、理智的陶醉冲昏了头脑！这无疑就是我感到某种程度上对你没有把握的原因，因为我有时太严厉，有时又太宽容。然而，这并不那么奇怪，因为你就是各种可能性的缩影，因此，人们有时从你身上看到了你毁灭的可能性，有时又看到了你得救的可能性。你追逐每一种情绪，每一种观念，无论好坏，无论悲喜，都要达到其极限，但在这种意义上，它就显得更加抽象（in abstracto），而不是更加具体（in concreto）。因而，这种追求本身就更接近一种情绪，除了对这种情绪有所认识之外，不会由此产生任何结果，但这种认识并不足以改变你下次屈从于同一种情绪的难易程度，因为你一直保留着这一可能性。这就是人们几乎可以为一切而指责你，又或者完全不能指责你的原因，因为原因既在你身上，又不在你身上。你承认或者不承认自己具有这样一种情绪，依情况而定，但你并不试图承担责任；对你来说，问题在于你是否怀着恰如其分的激情（pathos）去充分享有那种情绪。

之前说过，我所考虑的就是婚姻的审美意义。这似乎是一种多余的探索，这种意义似乎是任何人都会承认的，因为人们经常指出这一点。在很多个世纪里，骑士和探险家们为了最终寻找到幸福婚姻中安宁的和平，难道不是已然经历了难以置信的辛劳和麻烦吗？在很多个世纪里，小说作家和读者们为了最终得到幸福婚姻这一结局，难道不是已然在费劲地、一章接一章地写作与阅读小说吗？一代又一代的人为了找到在第五幕里才可能存在的幸福婚姻的可能性，难道不是已然反复而忠诚地忍受了前四幕剧中的麻烦和纠纷吗？不过，虽有这些巨大的努力，人们却极少能够实现对婚姻的颂扬，我极为怀疑，读过这类书的人自己是否觉得有能力实现他为自己设定的任务或是在生活中确定的方向，而这恰恰就是那类书中的腐败和不健康之处——这些书在本该开始的地方结束了。情人们在克服了无数逆境之后，终于投入了彼此的怀抱；帷幕落下，书中的故事结束了，但读者却并没有变得更聪明。因为，假使爱情最初的火焰尚还存在，具备勇气和才智为自己视为至善的东西全力战斗，这算不上什么了不起的技艺；但另一方面，要战胜往往紧接着已实现的欲望而来的疲惫倦怠，则确实需要自控力、智慧和耐心。在爱情的火花最初闪现时，为了拥有所爱的对象，人们从来不嫌麻烦多——甚至，在危险还未出现的情况下，仅仅为了征服它们，就有必要引出这些危险。对这种趋势的全部注意力都转向了这一点，一旦危险被征服，舞台的管理者就会明白，到此为止了。这就是人们很难在戏剧或书中看见婚礼的原因，虽说歌剧和芭蕾舞剧有所例外——这大概可以为某些戏剧性的胡言乱语、宏大的露天表演、舞蹈者意味深长的姿态或向着苍穹的仰望、恋人交换戒指的场面等等的出现提供机会。整个发展过程中的真相，即那种真正有关审美的东西乃是如下这一点：爱情存在于努力争取之中，这种情感被看作是与对立面的斗争。缺陷在于，这种斗争、这种辩证法，完全是外在的，从这种斗争中产生的爱情，正如它陷入斗争时一样抽象。一旦爱情所特有的辩证法的观念被唤醒，一旦有关它的病态抗争、它与伦理和宗教关系的观念被唤醒，那么事实上就毫无必要让那些固执的父亲、闺阁里的处女、被施魔法的公主、妖精和怪物们给爱情以机会去显示它有多大的能力。在我们的时代，我们极难遇到这样残忍的父亲或者如此可怕的怪物，而由于现代文学已经按照过去的文学塑造了自身，所以，实际上金钱成了爱情借以发展的对立的媒介。因而，指望着一个富有的叔叔会在第五幕中死去，我们就能苦苦忍耐上前四幕戏。

不过，人们观看这种表演的机会非常罕见，从总体上看，现代文学全然致力于嘲弄常规小说中所写的那种处于抽象直接性中的爱情。例如，在考察斯克里布的戏剧作品时，我们发现他的主题之一就是：爱情是一种幻觉。但是，我只需要提醒你这一点就够了，因为你对斯克里布及其论点具有太多的同情。至少，我认为你会向全世界提出那样的主张，哪怕你还会为自己保留住骑士式的爱情，因为你绝不是没有感情的人，可以说在感情方面，你是我所认识的最善妒的人。我记得，你曾经给了我一篇评论斯克里布《初恋》[1]的短文，那部作品几乎是以绝望的热情写成的。你在评论中声称，那是斯克里布写得最好的作品，如果理解得恰当的话，单是那部作品就足以使他不朽。我想提及另一部作品《永恒》，在我看来，它再次表明了斯克里布用以代替爱情的东西的缺陷。[2]在《永恒》中，斯克里布嘲讽了一段初恋。在一位优秀的太太——同时也是一位精明的母亲——的帮助下，一场新的恋爱开始了，她认为这次恋爱是可靠的，但观众却不愿满足于作者在这时武断地画上句号，他们倒是乐意看到下一段恋爱。总的来说，引人注目的是，现代诗歌是那么具有吞噬性，以吞噬爱情为生。我们的时代更多地使人想到的是希腊城邦的崩溃：一切都继续存在着，却没有任何人相信这一点。赋予它效力的无形的精神纽带已经消失，因此，整个时代同时既是喜剧的又是悲剧的，说它是悲剧是因为它正在消亡，说它是喜剧是因为它仍在延续，因为始终都是那未腐败的承载着腐败的，那理智的与精神的承载着肉体的，想象一下毫无生气的身体依然能暂存地照常运作，它就既是喜剧的，又是悲剧的。然而，只要让这个时代继续

1　参见《非此即彼》第一部，第 233—279 页，《文集》卷 3。

2　欧根·斯克里布，《永恒，或迷醉情欲之爱的解药》，西奥多·奥维斯科译，《皇家剧院剧目》(1833)，第 51 页。参见《书信》第 211 封信，第 294 页，《文集》卷 25。

吞噬下去，吞噬浪漫之爱中的实质性内容，直到这种毁灭再也无法带来欢乐，恐惧就会增加，这个时代才会最终意识到它失去了什么，并在绝望中感到不幸。

现在我们可以看到，我们这个毁灭了浪漫之爱的时代，是否换来了某种更好的东西。但首先，我要表明浪漫之爱的各种特征。一言以蔽之，就是直接性。见到她和爱她是同一的，或者说，即使她只是通过闺房紧闭着的百叶窗缝隙看见过他一次，她就会从此爱上他，在整个世界上就只有他。此时，通过预先安排，我的确应当为某些论争性的表达留下余地，促使你身上分泌易怒的胆汁，只有通过这个前提条件你才能从我要说的话里吸取到健康有益的东西。但是，我无法决定这么做的原因有两个：部分是因为浪漫之爱如今过于泛滥，老实说，难以想象你会在这方面随着潮流而动，因为你一般都是反潮流的；部分是因为我实际上对其真理性保持着某种信念、某种尊重、某种因它而起的悲哀。因此，我只就你在这点上的论辩提及那句格言，即你那篇短文的标题《敏感的（Empfindsame）与不可理解的同情，或两颗心的前定和谐（harmonia præstabilita）》。[1] 我们在这里谈到的，

1　参见戈特弗雷德·威廉·莱布尼茨，《单子论》，第 78 页；《莱布尼茨哲学著作集》卷 1—2，约翰·爱德华·埃尔德曼编（汉诺威、莱比锡：1763），卷 2，第 711 页；《莱布尼茨：单子论及其他哲学著作》，罗伯特·拉塔译（伦敦：牛津大学出版社，1965），第 262—263 页："这些原理给我提供一种方法，以自

就是歌德在《亲和力》[1]里巧妙地通过自然的意象首先向我们暗示的东西，也就是随后在精神世界里所实现（realisere）的东西，只不过歌德在试图激发这种吸引力时，乃是通过一系列的环节（也许是为了表明精神生活与自然生活之间的差异），而非强调匆忙、不耐烦或是双方相互追寻的决心。想象那两个存在者以彼此为目的，这难道不美妙吗！我们不是常有一种超越历史意识的欲望、一种渴望、一种对位于我们背后的那座原始森林的思乡病吗？当这种渴望与“另一个存在者的故乡在同一处”的观念结合起来时，它不就具有了双重意义吗？因此，每一桩婚姻，即使是经过认真考虑之后缔结而成的，也渴望这样一种前景，至少是在某些特定的时刻这样想。就连作为精神的上帝也爱着尘世的爱情，这多么美妙！已婚的人们在这一点上有很多谎言，这我承认，而且我也要承认，你就此进行的观察也着实有趣，但我们也不应忘记其中的真理。有人认为在选择“自己的终身伴侣”

然地解释统一，或者确切地说，是心灵与有机体的相互一致。心灵遵循它自身的法则，身体同样也遵循它自己的法则；它们凭借一切实体间的前定和谐而彼此达到一致，因为它们全都代表了同一个宇宙。”参见《日记与论文》卷3，第2360页；卷5，第5667页（《论文》卷4-A，第11页和第111页）。

1 参见约翰·沃尔夫冈·冯·歌德《亲和力》（*Wahlverwandtschaften*），《歌德作品集》卷1—60（斯图加特、图宾根：1828—1833），卷17，第47—57页；《亲和力》，伊丽莎白·迈耶和路易斯·博根译（芝加哥：1963），第36—44页。（作品名直译为《有选择的亲和力》。——编者注）

时最好要有完全的权威来指导自己，但这样一种表达却透露出了心灵的极端狭隘和愚蠢的自负态度，并且丝毫没有意识到，浪漫之爱就其天赋（Genialitet）而言是自由的，恰恰就是这种天赋构成了它的伟大。

浪漫之爱通过完全依赖于自然而然的必然性来表明自身是直接的。它以美作为基础，部分是以感官性的[1]美为基础，部分是以通过感官性的东西、在感官性的东西之中、借助感官性的东西而构想出的美为基础，然而，在后一种情况下，它不是通过深思熟虑显露出来的，而是持续地等待着证明它自身，通过这一思虑向外窥探。虽然这种爱情在实质上是以感官性的东西为基础的，但它仍然凭借意识到它所同化的永恒而成了高尚的，因为正是这一点，才使所有爱情（Kjærlighed）有别于淫欲（Vellyst）：浪漫之爱具有永恒之印记。情侣们深信，他们的关系本身就是一个完整的整体，它绝不会改变。但是，由于这种信念仅仅通过一种自然的决定因素来加以证实，所以，永恒就只能以暂存的事物为基础，因此，永恒就消除了它自身。由于这种信念没有经历过任何严峻考验，也没有找到任何更高的正当理由，它被证明为一种幻觉，因此，人们也很容易使之变得荒谬可笑。然而，

1 参见《非此即彼》第一部，第56页，注释13，《文集》卷3。

人们不应该轻易去那么做，在现代喜剧中，真正令人厌恶的是看到那些老练、诡计多端且愚蠢的女人，她们认为爱情就是一种幻觉。我不知道还有什么造物像这种女人那么可恶。对我来说，再放荡的人也没有那么令人作呕；对我来说，没有任何事情比看见一个多情的年轻女孩被这样的人所掌控更为令人厌恶。事实上，这比想象她被一个勾引家俱乐部所掌控还要可怕。看见一个男人把生活中一切至关重要的东西都毁掉是悲哀的，但看见一个女人在这条错误的道路上却是可怕的。然而，如已说明的，在假定的永恒中，浪漫之爱类似于道德（Sædelige）[1]，这永恒使爱情变得崇高，把它从纯

---

1 这里所说的“道德”符合黑格尔对 Sittlichkeit（习俗、法律、“伦理生活”或社会道德）的解释，黑格尔将 Sittlichkeit 对立于 Moralität，并将后者同苏格拉底的伦理意识联系起来。除了在《论讽刺概念》中之外，克尔凯郭尔并没有沿用黑格尔的用法，而是把苏格拉底同伦理之物、伦理意识联系起来，对立于 Sædelighed，即社会道德。例如，可参见《法哲学》第 33 段，《格奥尔格·威廉·弗里德里希·黑格尔作品集》卷 1—18，菲利浦·马海内克等人编（柏林：1832—1845）卷 8，第 68—69 页；《诞辰纪念版》［J. A.］卷 1—26，赫尔曼·格罗克纳编（斯图加特：1927—1940）卷 7，第 84—85 页；《法哲学》（P. R. 译，1821 年第 1 版，参见后来的各种版本；克尔凯郭尔有第 2 版，1833），T. M. 诺克斯译（牛津：牛津大学出版社，1967），第 35—36 页：

> 主体的划分
>
> 与绝对自由意志之理念的发展阶段相应，意志就是：
>
> A. 直接的；其概念因此是抽象的，即个性，其体现是一种直接的外在事物——属于“抽象的”或“形式权利”的领域；
>
> B. 根据其本身的外在体现反思的——其特征因此是与普遍相对立的主体的个体性。普遍在这里的特征是某种内向的东西，是善的，也是某种外向的东西，是呈现给意志的一个世界；理念的这两个方面在这里都只以彼此为中介。这就是在其划分中的理念，或者是在其作为特殊

粹的感官之美中拯救了出来。那就是说，感官之美是暂存的。感官之美寻求片刻的满足，感官之美越是讲究，它就越懂得如何使快感的瞬间变成一种小小的永恒。因此，爱情中真正的永恒，也就是真正的道德，实际上首先要把爱情从感官之

> 而存在中的理念；相对于世界的权利和观念的权利，我们在这方面拥有主体意志的权利，尽管只是内在于理念的——属于“道德”的领域；C. 这两种抽象要素的统一和真理——善的“理念”，不仅在思想中被领悟到，而且也在自我反思的意志中得到实现，在作为实体、作为真实和必然性、同样也是作为主体意志而存在的自由的外部世界中得到实现；这就是在其绝对普遍存在之中的理念——即“伦理生活”。
> 但根据同样的原理，伦理实体是
> (a) 自然的心灵，即“家庭”；
> (b) 在其划分和显现中，即“市民社会”；
> (c) 作为自由的“城邦”，普遍的和客观的自由，甚至是处于特定意志自由的自我存在。一个单一国家这种实际的有机的思想，通过特定民族思想的相互关系揭示和实现了自身，直到在世界历史的过程中，它自身作为普遍的世界心灵揭示和实现了自身，这种普遍的世界心灵的权利是至高无上的。

也可参见《哲学史讲演录》的译者们有关这一主题的注释卷 1—3，E. S. 霍尔丹和弗朗西斯 · H. 西蒙译（纽约：人文出版社，1955）卷 1，第 387—388 页：

> 这两个词的区别极为重要。施韦格勒在解释黑格尔在“哲学史”上的立场时说明，黑格尔认为苏格拉底用 Moralität 这个表明个体良心的主体性道德的词来取代 Sittlichkeit 这个表明“自发的、自然的、半潜意识的（几乎是直觉的）美德，即有赖于已确立的习俗（传统习俗与客观的自然法，按照黑格尔的观点，从根本上来说是理性的，虽然或许还未被主观地纳入理性法则）”的词。如施蒂林博士在为同一著作（第 394 页）的注释中所说的：“在国家的历史上有一个时期，那时人们生活在传统之中；那是一个没有反思过的 Sittlichkeit 的时期，或者是自然习惯的时期。接下来的时期中是对习惯的质疑，而它们包含的权利或真理都反映 / 反思在主体之中。这是一个 Aufklärung（启蒙）的时期，而 Sittlichkeit 在这里为 Moralität，即主体的道德所取代，而主体的意志仅仅赞同其认为内在地对自己和他的良心来说是正确的东西。”

美中拯救出来。但是，要想带来这种真正的永恒要求一种意志的决断——我到后面再详细讨论这一点。

我们这个时代对浪漫之爱的弱点已经看得非常清楚；确实，对浪漫之爱进行讽刺性的反驳有时的确使人觉得很有趣。现在我们来看一看，我们的时代是否已经弥补了那个缺陷，又用何物作为替代。可以从两个方向进行弥补，一个是初看起来像是错误的方向，也就是说不道德的方向；另一个是较受尊重的方向，然而在我看来，它遗漏了爱情中更深刻的东西。如果说爱情取决于感官之美的话，那么，任何人都很容易看出，这种直接的、骑士气概的忠诚就是一种愚蠢。因而，难怪女人们希望获得解放——这是我们时代诸多不太美好的现象之一，男人们对此负有责任。爱情中的永恒成了被嘲笑的对象，暂存的事物得到了维护，但在一种感官之美的永恒中、在接受信仰的永恒时刻中，暂存的事物也得到了精炼。我在这里所说的不仅仅适用于那些像食肉猛兽一样在世界上寻觅的勾引家们，不，它也适用于那些具有极高天赋的人们所构成的美丽合唱团：宣称爱情是天堂而婚姻是地狱的人，可不仅仅是拜伦。[1]

---

1 参见乔治·戈登·拜伦，“致伊莱扎”，《闲暇时光》，《拜伦勋爵作品集》卷1—10（斯图加特：1839），卷1，第83页；《拜伦勋爵诗歌集》（伦敦：牛津大学出版社，1945），第29页：“虽然女人是天使，然而婚姻却是恶魔。”

显而易见，在这里有某种反思，这是浪漫之爱所没有的。这种反思很容易会把婚姻附加进来，并且把教会的祝福当作另一种美好的庆祝，使它除了作为庆祝以外并没有什么实质性的意义。这种反思和已提及的那种爱情，再加上知性上的冷漠和固执，让人们创造出一种不幸之爱情的新定义，即不再爱时却被人爱，而非在没有回报之爱时去爱。[1] 如果这种态度的确理解了隐含在这几个词中的深刻性，那么，它就会在它们面前退缩，因为除了富有经验、智慧和优雅之外，它们也包含了一种暗示，即存在着一种良知。这样一来，当下的瞬间成了主要的，人们常听到那种情人对只能恋爱一次的不幸女孩说那些厚颜无耻的话：我的要求并不太多，很少一点就能使我满足；我并不要求你永远都爱我，只要你在我渴望爱的时刻爱我就行。这种情人非常清楚地懂得，感官之美是暂存的；他们也懂得什么是最美好的时刻，他们对此会心满意足。当然，这样一种态度绝对是不道德的。不过，理论上，它在某种程度上向我们的目标前进了一步，因为它向婚姻提出了一种真正的抗议。要是这种气质试图呈现出某种更加令人敬重的外表，那么它就不必把自身局限于特定的时刻，而是要把这一点延伸到一个更长的时期，然而，以这种方式，

1 有关本句的更多讨论，参见《增补》，第 372 页（《论文》卷 3-B，第 41 页，第 5 行）。

它并没有把永恒同化到自己的意识之中，而是把暂存的事物同化了，或者说在这种与永恒的对立之中，使自身与可能随时间变化的概念纠缠在了一起。按照这种气质来说，人们可以一时坚持共同生活，却总想留下逃脱的出口，为的是在更加幸运的时机出现时做出选择。这使婚姻变成了一种民事安排；人们只需要告诉相应的部门，说这桩婚姻已经结束，新的婚约已经签订，正如告知搬家了一样。这是否有利于国家，我不做定论，不过对特定的个体来说，那一定是一种奇怪的关系。这就是人们在现实（Virkelighed）[1]中看不到它实现的原因，但这个时代一直预示着要这么做。而去尝试这种做法确实得要足够厚颜无耻——我并不觉得这个词太过分，正如它会透露出一种近乎堕落的轻浮，尤其就参与这种关系的女性而言。

然而，有一种完全不同的精神气质，也很容易具有相似的观念。由于它在我们的时代是很典型的，所以，我在这里将对此进行详细讨论。像这样的结构的基础在于“自我中心主义的抑郁”或“同情的抑郁”。人们就时代的轻浮已经说得够多了；我认为，正是说一下它的抑郁的时候了，而我希望一切都将会有更好的结果。换句话说，这个时代的缺陷不

1　参见本书 13 页注释 1。

就是抑郁吗？在时代的轻浮笑声中回响着的不正是抑郁吗？难道不是抑郁剥夺了我们去支配的勇气、去服从的勇气、去行动的力量和去希望的信心吗？现在，当善良的哲学家们竭力将激烈性赋予现实时，我们难道不会因为很快被填得过饱而被噎到吗？除了当下在场的东西之外，一切都被切除了，因而，难怪人们在对失去它的持续焦虑中失去了它。现在，可以肯定的是，人们不应在转瞬即逝的希望中消失无踪。一个人想要飞升至云端，也不应采取这样的方式，但为了真正地享受到这一点，就必须拥有空气，重要的是不仅在悲哀时刻让天堂敞开着，而且在欢乐时刻也应该拥有开放的视野和敞开的大门。诚然，享乐之事一定程度上失去了那种借助惊人的限制所反而拥有的激烈性，但它由此失去的并不太多，因为这种激烈性与那种使斯特拉斯堡鹅[1]赔上性命的强烈快感具有某种共同之处。也许，很难使你明白这一点，但我确实不需要详细探究人们以其他方式获得的激烈性有什么意义。在这个方面，你确实是一个艺术大师，诸神把美丽、财富和享乐的艺术赋予你（cui di dederunt formam，divitias，artemque fruendi）。[2]如果享乐是生活中最重要的事情，那么，

1　斯特拉斯堡鹅被填满了食物，以使它们的肝脏肥大，用于生产鹅肝酱。

2　贺拉斯，《使徒传》卷 1，第 4 页和第 6 页；《贺拉斯诗文集》（莱比锡：1828），第 557 页（Di tibi formam，di tibi divitias dederunt，artemque fruendi）；

我会拜你为师，因为你在这方面是大师。有时，你可以使自己变成老人，为的是通过追忆的漏斗来缓缓汲取你所经历过的一切；[1] 有时，你又十分年轻，因希望而激动；有时，你以一种男人的方式享乐，有时以女性的方式，有时则直接享乐；有时，你享受着对自我快感的反思，有时享受着对他人快感的反思，有时又享受着对快感的节制；有时，你抛弃了自己，你的心灵是开放的，像一座停止抵抗的城市通行无阻，反思停止了，异乡人的脚步声回荡在空空如也的街道上，然而，那里始终都留有一个小小的观察哨所；有时，你关闭了自己的心灵，在身边筑起堤防，举止粗鲁，使人无法接近。这就是你的情形，你也能看出你的享乐是多么自我中心主义，你从不奉献你自己，从不让别人以你为乐。在某种程度上，你很可能有理由嘲弄那些被每一次享乐都弄得精疲力竭的人们。例如，那些陷入迷恋而心碎的人们。事实刚好相反，因为你如此了解像这样坠入情网的艺术，这种爱恋会使你自己的个性凸显出来。你非常了解，最激烈的享乐在于意识到下一个瞬间享乐就可能消失并紧抓住这一享乐。这就是《唐

贺拉斯，《讽刺作品、使徒传和诗艺》，H. 拉斯顿·费尔克洛夫译（洛布，纽约：1929），第 276—277 页。

1　参见《重复》，第 135—136 页，《文集》卷 6。

璜》的结尾使你感到那么愉快的原因。[1]他受到了警察、整个世界、活着的人和死去的人的追踪，独自处在一个偏远的房子里，再次聚集起自己灵魂的全部力量，再次举起了酒杯，再次在音乐声中欢呼雀跃。

不过，我要返回到我先前的论题之上，即自我中心主义的抑郁和同情的抑郁相结合可能会导致上面那种看法。自我中心主义的抑郁往往会令人害怕自己，并且像一切抑郁一样，令人在享乐中放纵自我。它具有某种夸大了的顺从，一种害怕接触生活的神秘的恐惧。“人们能依赖什么？一切皆有可能变化，也许，我现在近乎崇拜的这个人也可能变化；也许，命运之后将使我同另一个人接触，他将会是第一个真正符合我梦寐以求的那种理想的人。”像一切抑郁一样，自我中心主义的抑郁是目空一切的，并且意识到了这一点。它认为，也许正是这一点，即我要用一种不可剪断的纽带把自己与一个人结合在一起，会使这个人、这个我原本会用自己的整个灵魂去爱的人对我来说变得不可容忍；也许，也许吧。同情的抑郁更加令人悲痛，也更加高尚些：它为了他人而惧怕自己。谁确定地知道自己无法被改变？也许，我现在认为自己身上善的东西可能会消失；也许，爱人在我身上发现的

1　参见《非此即彼》第一部，第 133—139 页，《文集》卷 3。

那些迷人的东西和我只愿为她保留的东西可能会被从我身上夺走，结果她现在失望地站在那里，感到被欺骗了；也许，一种辉煌的前景会出现在她面前，她受到了诱惑，她也许抵挡不住诱惑——上帝啊，不要折磨我的良心了。我没有任何理由可以责备她，已经改变了的正是我自己。只要她能宽恕我，我就会宽恕她的一切，我竟那么轻率地让她走出了如此决定性的一步。我对此确信无疑；我不会去哄骗她，反倒会告诫她要提防我，告诉她那是她的自由决定。然而，也许就是这种告诫本身诱惑了她，使她在我身上看到了一个比我本身更好的人，诸如此类。人们很容易看出，这样一种思维方式并不在乎确立了五年或十年的关系；事实上，它甚至不在乎萨拉丁与基督徒们确立的十年、十个月、十个星期、十天、十分钟的关系[1]；它也不在乎终生的关系。人们会非常清楚地看出，这样一种思维方式彻底地、深刻地触及了这一谚语的含义：每天都各有各的麻烦。[2]它试图把每一天都当作决定性的一天，令自己每一天都准备好接受检验。因此，我们的时代之所以有一种使婚姻中立化的重要趋势，那并不是因为独身生活像在中世纪那样被视为较为完美的。

1 根据一些作家的说法，英王理查一世和埃及苏丹萨拉丁之间的停战协议签订于1192年9月1日，这个协议要求停战三年、三个月、三天、三小时。

2 参见《新约·马太福音》6：34。

这种趋势的根本原因在于懦弱以及沉迷享乐。同样明显的是，这些持续了特定时长的婚姻关系，并不具有任何优势，因为它们像那些持续终生的关系一样具有同样的困难。此外，它们远没有赋予当事人以继续忍受下去的力量，相反，它们使婚姻生活最内在的力量失效，使意志的力量松懈，使婚姻所具有的信任赐予人们的幸福减少到极点。此外，早已很清楚、往后会更加清楚的是，这样的联系并不是婚姻关系，因为它们虽然是在反思的领域内结成的，但依然没有获得道德所具有的那种对永恒的意识，正是这一意识最先使一般的关系变成了婚姻关系。在这一点上你也会完全认同我的想法，因为你的嘲弄和讽刺那么频繁、那么肯定、那么理所当然地抨击着这样的情绪（“偶然的迷恋或爱情的坏无限”[1]）：有人与自己的未婚妻在那里向窗外眺望，与此同时一个女孩

---

1 例如，参见黑格尔，《哲学百科全书》卷 1，《逻辑学》第 94 段和《附录》，《著作集》卷 6，第 184—185 页；J. A.（《哲学体系》）卷 8，第 222—223 页；《黑格尔的〈逻辑学〉》，L. 译，第三版，1830（克尔凯郭尔有第三版）；《逻辑学》，威廉 · 华莱士译（牛津：牛津大学出版社，1975），第 137—138 页：

> 这种“无限”是错误的或否定的无限；它仅仅是对有限的否定；但有限再次显现为永远的同一，从来没有摆脱，也没有被同化。换言之，这种无限仅仅表现了“应当”消除有限。走向无限的进程从来没有超出对包含在有限之中的矛盾的说明，注意，那是某种这个，也是某种他者。它以无穷的重复确立了这两个条件之间的交替，它们各自都召唤另一方。
>
> 如果我们假设某种这个和某种他者，即有限“存在”的各种要素，都崩溃了，结果就是某个变成了他者，这个他者本身是一个某个，它于

转过角落进入另一条街，他突然意识到后者才是他真正爱着的人——但当他追寻那踪迹时，他再次感到了灰心丧气，等等。

第二条出路，即那受人尊敬的出路，就是“权宜的婚姻”。人们从这名称立刻就可得知，我们已经进入了反思领域。有些人，包括你在内，始终都会对这种婚姻采取一种消极的看法，在此，它沿着直接的爱情与算计的理智之间的中间航道前进。如果有人尊重语言的使用的话，就应当称呼它为“以算计为基础的婚姻”。尤其值得一提的是，你始终都习惯于

是就这样同样改变，如此以至“无限”。这种结果似乎是表面上的反思，某种非常宏大的东西，最大的可能性。然而，这样一个走向无限的进程并不是真正的无限。这以其本身构成了在其他者之中的自在的存在，或者说，只要被阐明为一个过程，就在其他者之中开始自身。很大程度上取决于正确地理解无限的概念，不是暂存停留于无穷过程的错误的无限之上。例如，当时间和空间被说成是无限的时，它首先就是我们的思想集中于其上的那无限的过程。我们说“现在”“这一次”，然后我们不断前进和后退以超越这个限度。空间的情形也一样，它的无限已经形成了天文学家们以启发的才能进行贫乏演说的主题。在试图思索这种无限时，我们通常都会被告知，我们的思想一定会陷入枯竭。事实上，我们必须抛弃无尽的沉思，不过不是由于让它们占据头脑太崇高，而是由于它太乏味。它对阐述思索这种无限的过程来说很乏味，因为相同的事情一直在发生。我们规定了一种限度，接着我们超过了它，然后我们又有了一种限度，这样直到永远。所有这些都不过是表面的改变，它绝不会在后面留下有限的领域。设想我们走出去进入那无限之中，使我们从有限中解放出来，事实上不过是力图通过逃跑来解脱。然而，那逃跑者却并不自由：他在逃跑时依然要受他逃离的东西的限制。如果人们也说无限是无法达到的，那么，这说法是真实的，但仅仅是由于无限的观念要依附于成为纯粹和绝对否定的情况。哲学与这样的空虚和来世的要素毫无关系。

非常含糊地把“尊敬”推崇为婚姻关系的牢固基础。人们居然不得不求助于权宜的婚姻这种出路，这表明了这个时代的反思是多么彻底。虽说就其放弃了真正的爱情而言，这种关系至少在逻辑上是连贯的，但也由此表明了它并不是解决问题的办法。因此，以算计为基础的婚姻，应当被视为一种投降条约，仅仅当人们为生活所迫时，才成为必要的。悲哀的是，这似乎就是我们时代的诗歌所留下的唯一安慰，用来对付绝望的唯一安慰；然而，其实正是绝望才使这样一种关系变得可以让人接受。因此，渴望进入这种关系的人们通常都早已成年，也自以为懂得了真正的爱情是一种幻觉，或者说，充其量是一种虔诚的希望（pium desiderium）。因此，与之相关的是爱情的单调无聊、谋生、社会地位等等。就它把婚姻中的感官性的东西中性化而言，它似乎是道德的，但问题仍然在于，这种中性化既然是不符合审美的，那它是否在同样意义上是不符合道德的呢？或者说，即使情欲没有完全被中性化，它也仍然要受到一种平庸的、常识的观点的威吓，这种观点认为，人们应该小心谨慎，并且不妨接受如下看法：生活绝不会产生理想的东西，以及那权宜的婚姻的确是一种受到尊重的结合等等。结果，如前面已经表明的，本来属于每一桩婚姻的那种永恒性并非真正地存在于此，因为符合常识的算计始终都是暂时的。因此，这样的关系既是不道德的，又是脆弱的。如果起决定作用的要素是相对崇高一些的东西，那么，这种以算计为基础的婚姻就可以采取一种较为美好的形式。在这种情况下，与婚姻本身不相干的动机就成了决定性的因素。例如，一个年轻女孩出于对自己家庭的爱而嫁给一个能够拯救家庭的男人。然而，恰恰是这种外在的目的论很容易表明，我们在这方面不可能寻找到解决问题的办法。在这个问题上，我也许可以适当讨论建立一种婚姻关系的众多诱因，人们经常就此进行各种充分的讨论。这样的沉思和精明的考虑尤其属于理智的领域。那么，我倒宁愿选择另一条出路，如果可能的话，我更愿意对其保持沉默。

现在已很明显的是，浪漫之爱是如何建立在一种幻觉之上的，以及它的永恒是如何建立在暂存的事物之上的——虽然骑士仍然深信它绝对经久不变，但这一点并无办法确认，因为它的尝试和诱惑迄今为止已处于一种完全外在的媒介之中。[1] 在这个层面上，浪漫之爱完全能怀着美好的虔诚接受婚姻，但这仍然没有使之具备更加深刻的意义。显而易见，这种直接的、美好的却简单的爱情，已经被同化在一个反思时代的意识中，不得不成了后者嘲弄和讽刺的对象。这样一个时代能够以什么东西取代浪漫之爱，这一点也很明显了。

1 参见《非此即彼》第一部，第54页，《文集》卷3。

时代将婚姻同化在时代的意识之中，对这样一个时代而言，要么，它宣称是为了爱情，那么婚姻就会被排除在外；要么，它宣称是为了婚姻，那么爱情就会被放弃。因此，在最近的一部戏剧里一个明白事理的年轻女裁缝也对那些优雅绅士们的爱情做出了精明的评论：他们爱我们，却不与我们结婚；他们不爱那些优雅的女士，但会与她们结婚。[1]

就此而言，我这小小的探索（因为这就是我对自己正在写作的东西的叫法，我不得不这么称呼它，即使最初我只想写一封长信）已经到了一个论述节点，在此我们将首次正确地阐述婚姻。婚姻在实质上属于基督教，异教徒们没有使它变得完美无缺，尽管他们有着那些东方的感官之美和那些希腊的美丽艺术；甚至连犹太教也做不到这一点，尽管在那里可以找到真正的田园牧歌式的婚姻。你无疑会在这些方面认同我，而我不必对此做详细论述，我只要简单提醒你一下，性别差异在基督教中得到了如此深刻的反思，以至那另一性别，女性，由此获得了充分的权利。但也是在基督教中，爱情不得不经历众多苦难，而人们这才能看出婚姻蕴含的深度、美和真理。可是，由于先于我们的那个时代——在某种程度上也是当下这个时代——是过于反思性的，以至要表

1　这段引文没有注明出处。

明这一点并不是一件易事。既然我在你身上发现了这样一种阐明各种弱点的天赋，所以，我交给自己的这项尽可能去说服你的额外任务就倍加艰难。不过，我应该承认，我非常感激你的论辩。如果我要将我从你那里收集到的，你那些五花八门的、散乱的评论集合起来的话，那么，它将会是那么高明和精妙，甚至可以成为那些辩护者们的优秀指南，因为只要你或别的什么人思考一下，就会发现你的抨击并非那么华而不实，也并非没有包含任何真理，尽管你或你的对手在论战时都没有意识到这一点。

既然现在我们看出，浪漫之爱的弱点在于它不是反思性的，因而看起来合适的做法在于，使真正的婚姻之爱从一种怀疑开始。因为我们是从反思的世界到达了这一点，这一做法看来就更加有必要了。我并不否认，经过这样怀疑之后的婚姻在艺术上是可行的，但问题依然在于婚姻的本质是否并未因此而改变，因为它所面对的是爱情和婚姻的分离。问题在于，怀疑初恋实现的可能性从而毁灭初恋，借助这种对初恋的消灭而使婚姻之爱成为可能的和现实的，这一点是否本质上就属于婚姻。甚至按照这一观点，亚当和夏娃的婚姻就成了唯一的婚姻，直接的爱情在其中没有受到玷污；正因此，穆索斯非常机智地指出，爱上别人的可能性是完全不存在的。[1]问题仍然在于，直接之物或初恋如果被卷入更高的、具有同心性的直接性中，是否能经受住这种怀疑论的伤害，从而使得婚后的爱情不必埋葬初恋的美好希望；是否婚姻之爱能够借助各种不会损毁它而是使之变得崇高的资质，令其本身仍旧保持为那种初恋。这是很艰难的问题，却极为重要，提出这问题是为了避免伦理之物（Ethiske）中也出现理智之物中的那种信仰与知识间的断裂。然而，亲爱的朋友，那将是美好的——你不会否认我这一点，因为你的内心也具有爱的情感，而你的头脑也完全了解怀疑。于是，如果基督徒们敢于像这样把自己的上帝叫作爱情的上帝，由此他们也想到了那种无法形容的极乐情感，想到了世界上永不止息的那种力量，即尘世的爱情，那么，这的确会是美好的。

由于我在前文里已经表明了浪漫之爱和反思之爱处于对立的地位，所以，我们显然可知，更高的统一在何种程度上是向着直接之物的回归，以及它在何种程度上包含了本来在浪漫之爱中隐含着的东西，虽然它还包含更多的东西。现在对我们来说足够清楚的是，反思之爱一直都在耗费自己，它完全恣意地采取这样或那样的立场。显然，它超越自身而指向了某种更高的东西，但关键在于这种更高的东西是否无

1 约翰·奥古斯特·穆索斯，《忠实的爱情》，载《德国民间童话》（维也纳：1815）卷3，第133页。

法与初恋立刻结合在一起。这种更高的东西就是宗教之物，理智的反思在此终结了，正如对上帝来说没有什么是不可能的一样，[1]对信教的个体来说也没有什么是不可能的。在宗教之物中，爱情再次发现了那种它在反思之爱中遍寻无果的无限。然而，正如宗教之物是高于尘世一切之物的，如果它涉及直接的爱情时也并非偏离其中心，而是与其同心，那么，这就确实可以实现那种统一，而那痛苦也成了非必然的——宗教之物确能治愈这痛苦，但这非必然的痛苦仍然是深沉的痛苦。人们很少看到这个问题成为讨论的主题，一方面因为关注浪漫之爱的那些人们不太关注婚姻，而在另一方面，更加糟糕的是，因为很多已经形成的婚姻关系都不具有较深刻的情欲属性，而这种情欲肯定是纯粹的人的存在中最美好的方面。基督教坚定不移地信奉婚姻。因此，如果婚姻之爱在自身内部毫无初恋所具有的情欲的位置，那么，基督教就不是人类发展的最高阶段。诚然，正是人们对这样一种差别所具有的隐秘焦虑，对回响在现代诗歌和散文中的绝望负有极大的责任。

因而，你看出了我为自己确立的任务的性质：要表明浪漫之爱可以与婚姻相结合并存在于婚姻中——确实，婚姻

1 参见《新约·路加福音》1：37。

是它的真正升华。因此，将自身从反思和其沉船事故中拯救出来的婚姻，完全不会被投上任何阴影；同时不可否认，能做的事情还有很多。我也不会那么没有同情心地不对婚姻加以赞美，人们也不会忘却，时代的整个趋势都可以使这一点变成一种悲哀的必然性。但就最后一点而言，必须记住的是：在某种程度上，每代人和一代人中的每一个体，都要从头开始自己的生活，也正是因此，每一个体才有可能避免这种大漩涡，然而，一代人应当向另一代人学习，所以，有了一代人经历过这种悲剧之后的反思，下一代人可能会更加幸运。无论生活依然会显现出多少令人痛苦的失败，我都要为两件事而奋斗：一项巨大任务是要表明婚姻是初恋的升华而不是它的毁灭，是它的朋友而不是敌人；另一项任务——对其他任何人来说毫无意义，但对我来说却更为重要——是要表明我那微不足道的婚姻就具有这种意义，这种意义能够给予我继续完成这一任务的力量和勇气。

在我进行这种探讨时，我不禁为我写信的对象是你而感到高兴。事实上，尽管我肯定不会同其他任何人谈到我的婚姻关系，但我肯定会怀着自信的喜悦向你敞开我的内心。有时，当你苦苦挣扎的思想和体内承载的巨大的心理机器的喧闹声平静下来时，宁静的时刻就到来了，最初这无疑由于其静止而使人感到惊恐，但这宁静很快就会向你表明，它其实是使人精神振作的。我希望你在那宁静的时刻来阅读这里的论述——只要那机器还在运转着，你就什么都听不到了；正如人们可能无意识地向你吐露他们想说的一切，人们也会在你的灵魂静止和严肃之时告诉你一切，同时又不必听任你的摆布。因此，我也将谈到她，而平时我只对静默的自然谈到过她，因为我只想聆听自己的声音。我欠了她那么多东西，甚至包括让我敢于讨论初恋和婚姻的问题所需要的坦率的信心，因为如果不是她帮助了我，那么，纵然以我所有的爱和努力，我又能做什么呢？确实，如果不是她激励我这样去做的话，我又能做什么呢？然而，我非常了解，如果我这么对她说，她不会相信我——是的，也许我这么对她说会伤害她，也许我会打扰和搅乱她那深邃而纯洁的灵魂。

我必须做的第一件事就是让我自己和你，尤其是你，进入这一讨论：婚姻之为婚姻的关键特征是什么。显然，婚姻真正的构成要素，它的实质，就是爱情（Kjærlighed）；或者说，如果你要更具体地强调的话，那就是情欲（Elskov）。[1]一旦去掉这一点，那么，婚姻生活要么只是感官欲望的满足，要么就是致力于达成某种目标的一种联合、一种伙伴关系；

1 Elskov是直接的、浪漫的、梦幻般的爱，如男人与女人之间的爱。Kjærlighed是一种范围更广、意义更深的爱。Elskov和Kjærlighed分别相当于eros和agape。

但就爱情而言，无论是迷信的、浪漫的、有骑士风度的爱情，还是充满勃勃生机之信念的、道德的、宗教的（在更深刻的意义上的）爱情，恰恰都包含有永恒的资质。

每一种生活的秩序（Stand）都有其叛徒，婚姻秩序（Ægtestand）也有其叛徒。当然，我不是指那些勾引家，因为他们毕竟没有进入神圣的婚姻领域（我希望这种探究会将你带入一种情绪之中，从而使你不会对这种表达感到可笑）；我也不是指那些因离婚而退出婚姻的人们，因为他们仍然有勇气成为明目张胆的反抗者。不，我是指那些仅仅在思想上反叛的，而不敢在行动上表现出来的人；我是指那些坐在那里悲叹爱情早已从其婚姻中消失的可鄙的丈夫们；那些如你所言，像精神病患者一样坐着，各自处于自己婚姻的小隔间中，身负镣铐，幻想着订婚的甜蜜与婚姻的痛苦的丈夫们；那些根据你自己的正确观察，带着某种邪恶的喜悦之情祝贺一切订婚者的丈夫们。我无法向你描述在我看来他们有多么卑鄙。此外，当某位这样的丈夫把你当作他的知己，向你倾诉他所有的烦恼，和盘托出他有关幸福初恋的谎言时，我多么乐于听你带着会心的神情说："好吧，我可注意着呢，我不会让自己陷入那种危险境地。"他无法把你拉进一桩共同的沉船事故（communune naufragium），这更加重了他的痛苦。当你谈及有四个可爱孩子的温柔的顾家男人时——尽管他巴不得孩子们离自己远远的——总是提到这类丈夫。

他们说的这些，无非是情欲之爱与婚姻的分离，这样，情欲之爱就被放到了一个时期，而婚姻则在另一个时期，但情欲之爱与婚姻仍然是不可调和的。人们也很快发现了情欲之爱所属的那个时期，那就是订婚，美好的订婚时刻。他们懂得如何怀着一种滑稽戏式的激动和多变的情绪，喋喋不休地谈论享受订婚的日子意味着什么。现在我必须坦白，我从来就不那么关心所有那些订婚时期入迷般卿卿我我的状态，这一过程越复杂，在我看来就越像人们要去游泳时下水前所耗费的时间，其间他们在岸边走来走去，一会儿把手伸进水里，一会儿把脚伸进水里，一会儿认为水太冷，一会儿又认为水太热。如果他们所言不虚，如果订婚期的确是最美好的时期，那么，我实在看不出人们结婚的原因何在。然而，人们的确会结婚，凭着可以想象到的资产阶级的严谨行事，他们会定下一个姨妈和表亲们、邻居和街坊们都认为合适的时间。然而这正如认为订婚是最美妙的时期一样，透露出了某种同样的无精打采和懒散懈怠。如果两害相权取其轻的话，那么，我倒更喜欢那些只有在跃入其中时才能够寻找到乐趣的莽撞的人们。无论如何，那始终都是一件了不起的事，就像一只强有力的男性手臂搂住爱人，非常稳固，却又温柔，非常有力，却又使她觉得自己在这种搂抱中很自由——哪怕动作从来都不那么夸张，意识的震颤从来都不那么使人振奋，意志的反应从来都不那么充满活力；这样一件了不起的事为的是在上帝面前跃入存在的大海里。

现在，如果说这样一种情欲之爱与婚姻的分离具有什么效力的话（这里不包括那些愚人，更准确地说，是那些非人空虚头脑里所理解的效力，他们对情欲之爱的了解与对婚姻的了解一样少），那么，对婚姻来说，这种分离发挥了很坏的作用，对我试图表明的"婚姻是一种审美性的克拉尼图形"[1]这一点来说，它也发挥了很坏的作用。可是，这样一种分离是根据何种基础而得到辩护的呢？可能是由于情欲之爱完全无法持存。这样的话，我们就会有同样的怀疑和怯懦，它们常见于我们的时代，其鲜明的特征就是认为发展是倒退和毁灭。现在我很乐意承认，像这样脆弱的、虚弱的、非男非女的情欲之爱（你以你自己惯常的随意态度把它称为两毛钱的爱情），无法经受住生活中哪怕一次暴风雨的打击，但只要情欲之爱和婚姻两者都处于健康和自然的状态中，就不会受到任何影响。或者说，也可能由于婚姻所引入的伦理之物和宗教之物对情欲之爱来说完全是异质性的，以至它们无

1 克拉尼图形是指一个均匀薄板上的微小颗粒在外部声源振动下形成的特殊图案，以德国物理学家恩斯特·弗洛伦斯·弗里德里希·克拉尼（1756—1827）的名字命名。参见《增补》，第 373 页（《论文》卷 3-B，第 41 页，第 6 行）；《非此即彼》第一部，第 418 页，《文集》卷 3。

法统一起来，因而，情欲之爱大概总能赢得战斗，只要允许它自在自足，只依赖于自己。但现在，这种观点会把问题要么带回到直接的爱情那未经检验的激情，要么就带回到特定个体——他们感到能以自己的力量跑尽当跑的路——的情绪和幻想上来。初看起来，后面这种观点——婚姻中的伦理之物和宗教之物被认为具有妨碍作用——显示出了某种男人气概，可以轻易欺骗草率的观察者，即使这种观点弄错了，在其中仍然具有某种崇高性，它与所有那些最初的败坏观点全然不同。我在后面将不止一次返回到这个问题上来，要不是我正好看出你就是一位在某种程度上受这种谬见影响的异端人士的话，那么，我审慎的研究将极大地欺骗我。

婚姻的实质就是情欲之爱，但哪一个在先——是情欲之爱在先，还是婚姻在先而情欲之爱紧随其后？后一种观点在那些理解力有限的人们之中得到了不少的尊重，那些精明的父亲们以及更加精明的母亲们经常列举这一观点，他们自认为具有这种爱情随婚姻而来的经历，又坚定不移地认为，作为一种事故的补偿自己的孩子们也应当拥有这样的经历。这是养鸽行家们也具有的小聪明，他们把两只彼此并无好感的鸽子关进一个小笼子里，认为它们肯定会学会和睦相处。整个这种观点是那么偏狭，我只是为了研究的完整性才提及它，也是为了提醒你在这方面抛弃了什么东西。

所以，情欲之爱在先。然而，根据前文所表明的，情欲之爱也具有这样的脆弱性质——虽然这种性质既不自然又显骄纵——完全经受不起与现实的接触。在这里，我又来到了前面提及过的那个观点。在这里，订婚似乎获得了其意义。这种情欲之爱毫无现实意义，只靠可能性的甜头度日。这种关系并不具有现实意义的实在性（Virkelighedens Realitet）；[1]它的行为没有内容，它一直延续着相同的、“毫无意义的糊涂姿势”。订了婚的人们自身越是不够坚强，那些单纯模仿的行为也就越是耗费他们的努力，使他们的力量衰竭，因此他们就越发感到有必要逃避这种认真的婚姻形式。由于订婚本身似乎没有由此产生的必然的现实意义，所以，它对那些缺乏结婚勇气的人们来说，确实就是一种绝好的逃避。在要迈出决定性的一步之时，他们也许会——多半相当深情地——感到需要寻求更高的力量的帮助，从而与他们自己、与更高的力量相妥协——与自己妥协靠的是许诺承担他们自己的责任，与更高的力量妥协凭借的是不回避教会的祝福。其实根据他们极度迷信的观念，这祝福乃是他们所珍视的。在这里，我们再次遇到了在情欲之爱与婚姻之间，以最怯懦、最脆弱和最无男人气概的形式出现的分离。然而，这样一种

1　参见本书 13 页注释 1。

畸形之物不可能走向歧途，它的情欲之爱并非真正的情欲之爱：它缺乏在婚姻之中有其道德（sædelig）表现形式的感官要素。它把情欲中性化了，仿佛订婚甚至也可以在男性之间发生一样。不过，尽管这畸形之物要维持这种分离，但它一旦坚持感官性的东西，立刻就会转向前面描述过的方向。无论人们如何看，这样的订婚都是丑陋的；它在宗教意义上也是丑陋的，因为它是一种欺骗上帝的尝试，试图偷偷潜入它认为不需要上帝帮助的某种东西里去，并且只有在它感到事情进行得很糟糕时，才把自己托付给上帝。

因而，婚姻不应唤起情欲之爱；相反，婚姻以情欲之爱为前提。在此，情欲之爱并非被当作某种过去的东西，而是某种现存的东西。但是，婚姻具有情欲之爱所没有的伦理和宗教要素；由于这个原因，婚姻要以顺从（Resignation）为基础，情欲之爱却不具有这一点。如果人们不愿设想在他们的一生中每个人都要经历双重活动[1]——其一请允许我称之为异教式的活动，情欲之爱隶属于它，其二是基督教式的活动，它以婚姻为表现形式；如果人们不愿宣称必须把情欲之爱排除在基督教之外的话，那么，就必须表明情欲之爱能与婚姻结合起来。此外，我想到，如果某人未经允许看到这篇

1 参见《恐惧与颤栗》，第36页和第199页，《文集》卷6。

文章，那么，他可能会十分吃惊地发现，像这样的问题居然会给我造成如此多的麻烦。是的,毕竟我这封信只为你而写，你的成长特质在于，你完全能够理解那些麻烦。

那么，首先是对情欲之爱的探索。在这里，尽管会遭到你和全世界的嘲弄，但我仍将采用这样一种表达方式，它对我来说始终都具有一种美好的意义，那就是初恋（相信我，我不会让步，你可能也不会；如果有人会让步的话，那么，在我们的通信之中就会存在着一种奇怪的错位关系）。当我使用这个说法时，我想到了生活中最美好的那些东西；当你使用它时，则表明你负责观察的炮兵部队火力全开。然而，正如对我来说，这个说法毫无荒谬可笑之处一样，老实说，我之所以能容忍你的攻击仅仅是因为我不理会它，所以，它或许能使别人悲哀，但对我来说并不悲哀。这种悲哀不一定是病态的，因为病态总是某种错误和虚假的东西。如果有人在自己初恋时很不幸，学会了认识其中的痛苦，却仍然忠实于自己的爱人，在这段初恋中保持着信念，那么这就是美好的、健康的；如果他在漫漫岁月中有时非常生动地回想起初恋，而他的灵魂健康得足以向那种生活告别，为的是把自己奉献给更高的东西，那么这就是美好的；如果他悲哀地回忆起，他的初恋尽管被公认为是不完美的，却还是一段非常美好的初恋，那么这同样是美好的。因此，悲哀，相比那些早就与所有孩子气绝缘的平庸常识，相比合唱队指挥巴西利奥[1]那种魔鬼式的审慎（这种审慎自命健康，却实乃最具穿透性的消耗之病），要美好、健康和高尚得多，因为一个人若赚得全世界却赔上了自己的灵魂，这有什么益处呢？[2]对我来说，“初恋”这个说法毫无悲哀可言，或者说充其量只有一点甜蜜与悲哀的混合物；对我来说，它是一句口令，尽管我是个结婚多年的人，我却有幸能在初恋的胜利旗帜之下进行战斗。

然而，对你来说，“最初”这个概念、这一概念的意义、对这一概念过高或过低的评价，都具有一种令人困惑的波动起伏。有时，单凭“最初”就能给你鼓足士气。你那么全神贯注于“最初”，以至它成了你唯一想要的东西。你那么激动和热情高涨，那么多情，那么富于幻想和创造性，有时像雨云一样沉重，有时又像夏日的微风一样轻柔——简言之，你清楚地知道它意味着什么，知道朱庇特在云或雨中造访他的爱人意味着什么。[3]过去被忘却了，每道界限都被废除

---

1 巴西利奥（或译作巴西里奥）是莫扎特的歌剧作品《费加罗的婚礼》中的人物，这部剧根据法国戏剧家博马舍的同名喜剧改编而成。丹麦文版由尼尔斯·托罗普·布鲁恩翻译（哥本哈根：1817）；英文版见《费加罗的婚礼》（*Le Nozze di Figaro*），鲁斯与托马斯·马丁译（纽约：1951）。

2 参见《新约·马太福音》16：26。

3 在希腊神话中，宙斯（拉丁名朱庇特）在金雨中与阿耳戈斯国王之女、珀耳修斯之母达那厄相会。参见保罗·弗里德里希·尼奇，《新神话词典》卷1—2，

了。[1]你延展得越来越远，你感到柔软顺从，每个关节都变得很灵活，每块骨骼都成了柔韧的肌腱——像角斗士那样伸展和拉紧他的身体，为的是使身体完全处于他的控制之下。每个人都一定会想到,他在这么做时浪费了自己的力量，然而，这种带有快感的折磨恰恰是使他能够恰当运用自己力量的必要境况。然而，就你目前所处的境况而言，你是在享受完美的被动接受所带来的快感。最温柔的触摸就足以使那看不见的、延展的、灵性的躯体发生颤抖。有一种造物时常使我陷入幻想之中——那就是水母。你已经注意到了，这种凝胶状的团块能使自己变成一个扁平的盘子，然后缓慢下沉，再上浮，那么平静稳固，以至人们觉得可以站在它上面。此时，它注意到自己的猎物在靠近，接着它把自己挤压到一起，成为一个袋子，然后以惊人的速度下沉，越来越深，以这种速度攫取自己的猎物——不是把猎物装进袋子，因为它没有袋子，而是装进了自己的身体内，因为它本身无非就是一个袋子。它的收缩力极强，人们甚至无法想象它怎么可能自我延伸到这种程度。你的情况与此大体一样，请原谅我没能找到一个更美好的造物与你做比较，你也很难

弗里德里希·戈蒂尔夫·克洛普夫修订（莱比锡，苏劳：1824）卷1，第592页。

1 有关以下两句，参见《增补》，第373页（《论文》卷3-B，第41页，第7行）。

不讥笑把你自己完全看作一个袋子的想法。在这样的时刻，你就是在追逐“最初”；你只想要这“最初”，甚至没有怀疑，想让“最初”不断重现其实是一种自相矛盾，所以，要么是你肯定没有触及过“最初”，要么就是你实际上有过“最初”，而你所见的，所享受的，一直都只是“最初”的影子。在这个问题上也值得注意的是，你的错误在于，你认为只要寻求的方法恰当，除了真正的“最初”之外的地方，“最初”也可以完全在场；以及，就你求助于自己的行动而言，这也是一种误解，因为你从来就没有正确地行动过。

然而，有时你那么冷酷、那么敏锐和尖刻，像三月的风一样；那么喜欢讽刺挖苦，像白霜一样；理智上，你那么透彻、干枯和贫瘠，且有着自我中心主义式的刻薄，像春天的气流一样。如果一个人在那种情况下，对你谈到“最初”，谈到“最初”的美，甚至谈到他的初恋，因而使你受到了伤害，如果情况是这样，你就会变得十分容易发火。现在，“最初”变成了最为荒唐可笑的，最为愚蠢的，一代又一代人不断强化的谎言之一。你像希律王一样大为光火，不停地滥杀无辜。[1] 在这样的时刻，你也懂得如何详细地指出，像这样对“最初”恋恋不舍是懦弱和缺乏男人气概的，真理在于所争取之物，

1 参见《新约·马太福音》2：16。

而非被给定之物。我记得你曾怀着这样的心情来拜访我。你照你的习惯把烟斗装满，坐在最柔软的安乐椅上，把脚放在另一张椅子上，在我的那些文章里翻来翻去（我也记得我又从你身边把它们拿走了），接着突然开始嘲讽地颂扬起初恋和所有的"最初"，甚至还有"我在学校受到的第一次鞭打"，[1]并且发人深省地补充解释说，因为那个鞭打你的老师是你认识的唯一强调鞭打的人，所以你怎么强调这一点都不为过；随后你用口哨吹了一首学生民谣作为结束，把你用来放脚的那张椅子踢到了房间的另一端，然后走了。

人们徒劳地在你身上寻找藏在这个词隐秘说法背后的解答："最初"——在这个世界上，这个说法曾经具有并将永远具有巨大的意义。这个说法的意义，对单一的个体来说，实际上对他的全部智力和精神状况来说，都是决定性的；如果对某个人来说，"最初"缺乏任何意义，这就足以表明，他的灵魂并没有预先准备好要被某种更高的东西所感动或震撼。然而，对另外那些人来说——对他们来说"最初"已经获得意义——有两种理解方式。要么，"最初"包含了对未来的应许，它是激励人心之物，是无限的推动力——对这些幸福的个体来说，"最初"乃是在场，乃是不断展现和

1　克里斯蒂安·威尔斯特，《学生小曲》，载《诗歌》（哥本哈根：1827），第 38 页。

更新的"最初"的在场。要么，"最初"并不从个体的内部激发个体，内在于"最初"中的力量没有在个体之内成为推动力，反而成了抵抗力，成了排斥力。这些不幸的个体，不断地使自己越来越远离"最初"。当然，如果没有个体自身的过错，那么，后一种情况就绝不可能出现。

受到这一观念激励的每个人，都为"最初"这个说法附加上了一种庄重的意义；一般来说，最糟糕的意义只被用于那些属于更低级领域里的东西。在这个方面，你拥有大量例证：最初的印刷校样或人们第一次穿的新衣服等等。某种东西能被重复的概率越大，最初所具有的意义就越小；概率越小，意义就越大。在另一方面，"最初"本身的意义越大，它能被重复的概率就越小。如果那是某种永恒的东西，它被重复的概率也就会消失。因此，如果有人带着悲哀的意味说到初恋，似乎它绝不可能被重复，那么，这绝没有贬低爱情，而是把它当作永恒的力量来进行最深刻的颂扬。因此，为了搞一点哲学上的花样，不是用笔而是用头脑，我们可以说：上帝只有一次成为肉身，要指望这种事情再次发生是徒劳的。在异教中，这种事可能经常发生，但那完全是因为它并不是真正的道成肉身。因此，人只能出生一次，没有任何重复的可能性。灵魂的轮回无法领悟到诞生的意义。

我将用几个例子来详细说明我的意思。我们怀着某种庄重迎接最初的绿意、最初的燕子，然而，这么做的原因在于我们附加于其上的概念，所以，此处的“最初”所预示的，是不同于那最初之物本身、不同于第一只特定的燕子的某种东西。有一幅描绘该隐杀亚伯的版画，在背景中可以看见亚当和夏娃。我无法断定这幅版画本身是否有价值，但那解说词总是让我感兴趣：最初的杀戮，最初的父母，最初的悲痛（prima caedes，primi parentes，primus luctus）。在这里，“最初”再次具有了一种深刻的意义，在这里，我们所沉思的正是“最初”本身，但这依然更多是就时间而不是就内容而言，因为我们并没有看到持续性——而“最初”正是借助这种持续性来确立整体的。（这个整体肯定会被自然地理解为在族类中繁衍的罪。如果我们由“最初的罪”想到了亚当和夏娃的堕落，那么，这就会把思想更多地引向那种持续性，但由于持续性之缺失恰恰是邪恶的本质，[1]你就很容易看出我不用这个例子的原因。）

还有另一个例子。众所周知，基督教世界中有几个严格的教派都想根据《希伯来书》中的一些话[2]来证明上帝的恩典是有限的，其中说到，那些已蒙受过光照的人们一旦背离，

1 例如，可参见《焦虑的概念》，第52页，《文集》卷8。

2 参见《新约·希伯来书》6：4—6。

就不能再度皈依。因而，在这里，“最初”获得了它全部的深刻意义。在这个“最初”中，基督徒生活的全部深刻性昭示出来，那些混淆这一点的人就会迷失。尽管在这里，永恒性的东西被过多地卷入了暂存的资质之中，但是，这个例子可以用来说明“最初”如何就是整体,就是整个内容。然而，当“最初”之中所预示的东西要取决于暂存和永恒形成的复合体时，那么，我在前面已经提出的一切看来就仍然是正当的。整体隐含（implicite）在“最初”之中，现存（在场）于隐秘（κατὰ κρύψιν）之中。

现在，我毫无愧色地再次提到那个说法：初恋。对那些幸福的个体来说，初恋也是第二次、第三次、最后一次，在此，初恋具有永恒的资质；而对那些不幸的个体来说，初恋是转瞬即逝的，它所获得的是暂存的资质。对前者来说，初恋，当它存在之时，就是一种在场；而对后者而言，初恋，当它存在之时,就是一种过去。如果幸运的个体也善于反思，如果他们的反思指向爱情中的永恒性的东西，那么，这将是对爱情的力量的加固；而当反思与暂存的东西有关，它将是对爱情的毁灭。对那种以暂存的视角来反思的人来说，例如初吻这种事物就将成为一种过去（正如拜伦在一首短诗里表达的那样[1]）；对那种以永恒的视角来反思的人来说，这里就存在着一种永恒的可能性。

我们就爱情、就“最初”所提出的断言就是这些。现在，我将更加仔细地思考初恋。然而，我首先要请你回忆一下我们碰到过的那个小矛盾：初恋拥有其内容；而看上去最明智的做法则是迅速地攫取初恋，然后继续走向另一次初恋。可是，当人们以这种方式把初恋的内容掏空之时，它就消失了，人们也不会获得第二次爱情。但是，初恋不就只是“最初”吗？是的，如果人们反思初恋的内容，就会发现只有当人们处于初恋中，情况才是如此。那么，如果人们仍然处于初恋中的话，它就不会成为第二次恋爱吗？确实不会，正因为人们仍然处于其中，它就仍然是初恋——只要他们对永恒进行反思。

这样一些庸俗的人，他们以为现在自己将要进入那个适于到处寻找或探求终身伴侣的时代（甚至在报纸上），他们把自己彻底排除到初恋之外了；可以认为，这样的庸俗状态不可能使人遇到初恋——这一点很明显。无疑，可以想象到，爱神厄洛斯那么有同情心，才会对这种人玩弄诡计，使之坠入情网——之所以说那么有同情心，是因为赋予一个人尘

1　拜伦，《爱情的初吻》，载《闲暇时光》，《作品集》卷 1，第 22 页；《作品集》，第 8 页。

世的至善无疑是格外富有同情心的，而初恋始终都是这样一种至善，哪怕它是不幸的；但这总是一种例外，而且一个人从前的状况同样也无法说明问题。

如果我们相信那些音乐祭司（他们在这个方面大概是最值得信任的），如果我们在他们当中注意到莫扎特的话，那么，让我们回想一下所谓爱情使人盲目的说法，这大概是对初恋之前的状况的最佳描述。一个人似乎变得盲目了，几乎可以在他身上看出这一点：他沉浸在自己之中，在自身内部直观到自己的直观，然而，却有一种往外看向世界的持续努力。那世界使他迷惑，他却向外凝视着那世界。莫扎特在《费加罗的婚礼》中所刻画的那个童仆角色，正处于这种做梦般寻觅着的状态——这状态是心灵上的，也是感官上的。[1]

与此相反，初恋是一种绝对的觉醒，一种绝对的直观，必须牢牢地坚持这一点，以免在这上面出错。初恋被导向一个单一的、特殊的、实际的、只为了它而存在的对象，而任何别的东西都不存在了。这个单一的对象并不是一个轮廓模糊的存在，而是一个特定的、活生生的存在。这种初恋具有一种感官性的要素，一种美的要素，但它仍然不单纯是感官

1 参见《非此即彼》第一部，第75—78页，《文集》卷3。

性的。这种感官性本身最初通过反思显现出来，但初恋却缺乏反思，因此，初恋不单纯是感官性的。这是初恋所具有的必然性。像一切永恒的东西一样，初恋具有暗含的双重性，既把自身向后置于所有永恒之中，也把自身向前置于所有永恒之中。这就是诗人们的颂歌中的真理：对相爱的人们来说，哪怕在最初彼此相见的那一刻，他们似乎已相爱很久了。这就是爱人之间如骑士般坚定的、无所畏惧的忠诚之中的真理，不会由于想到任何导致分离的力量而惊恐。

然而，正如一切爱情的本质都是自由与必然的统一，在这里也是如此。个体在这种必然之中感到自己是自由的，感到了自己在其中的力量，感到了正是在这之中他拥有他所是的一切。这就是为什么我们可以准确无误地看出任何一个人是否真正处于恋爱之中。在此存在着一种升华，一种神圣化——这将在他的整个一生中持续。原本分散的一切都在他身上协调一致。与此同时，他既比平常年轻，也比平常年老；他是成年人，却也是青年，实际上几乎是个孩子；他很强壮，却又软弱。如我们所说，他是一种和谐，那种和谐回响在他的整个生命之中。我们会把这种初恋赞美为世界上最美丽的东西之一，但我们不应失去更进一步的勇气——让它去考验自身。

不过，这并不是我们在这里主要关注的问题。在这里早已有可能有一些疑虑，在后面涉及初恋与婚姻的关系时同类的疑问将会再次出现。一个笃信宗教的人，习惯于把一切都归结于上帝，使每一种有限关系都充满上帝之思、沉浸在上帝之思里，由此使之变得神圣、崇高。（当然，这种评论在这里有些偏颇。）所以，没有同上帝商议就让这样的情感出现在意识之中，看来是不明智的；但要是确实同上帝商议，这种关系就被改变了。在这一点上更容易打消这个困惑，因为初恋的本质正是发生得出人意料，并且，因为这种出人意料的最终结果不受人的意愿左右，很难看出如何有可能与上帝进行商议。所以，唯一可以探究的，就是这种感觉的持续性，但这毕竟属于后续的考虑。现在的问题是，即便这本身与上帝毫无关系，难道我们就没有可能预见这初恋吗？

在这个问题上，我可以简略论述一下这样一类婚姻：在这些婚姻中，决定性的因素在于另外的某人或某物，而不是在当事个体之中；在这些婚姻中，个体还没有达到自由的程度。我们遇到过这种令人悲哀的形式，个体在其中力图凭借巫术或其他这类技艺，通过与各种自然力的联系，唤来自己所爱的对象。严格地说，较高尚的形式具有那种应当被叫作宗教婚姻的东西。（当然，真正的婚姻并不缺乏宗教性，但它也得具有情欲的要素。）因此，例如，当以撒怀着所有的谦卑和信任，把为他选择妻子的任务交给上帝时，当他满怀对上帝的信任派出自己的仆人，而不是自己到处寻找时，[1]因为他的命运牢牢地掌握在上帝的手里——这真的非常美妙，但对情欲来说确实不公平。可是，必须记住，无论希伯来人的上帝在其他方面多么抽象，他仍然在所有生活情景中都和犹太民族，尤其是和犹太民族中的被拣选者保持亲近的关系；尽管希伯来人的上帝是精神，他都没有那么精神化到毫不关心世俗事务的地步。[2]由于这个原因，以撒大概敢于怀着某种程度的自信，期待上帝肯定会为他选择一位年轻美丽、受到人们高度尊敬、在每个方面都很可爱的妻子。尽管如此，我们在此看不到任何情欲因素，哪怕他实际上以全部的青春热情爱着那个上帝为他选择的人。在此，不存在自由。

---

1 参见《旧约·创世记》第 24 章。

2 例如，可参见黑格尔，《宗教哲学》，《著作集》卷 12，第 81—82 页；J. A. 卷 16，第 81—82 页；《宗教哲学演讲录》卷 1—3（P. R. 译，第二版，1840；克尔凯郭尔有这个版本），E. B. 斯皮尔斯和 J. 伯登·桑德森译（纽约：人文出版社，1974）卷 2，第 209—210 页：

> 犹太人的上帝只为“思想”而存在，这与上帝只限于那个民族的观念相对立……按照这个主导的基本观念，犹太民族成了选民，因而普遍性变成了特殊性……
>
> 这与该民族的历史也是和谐的。犹太人的上帝是亚伯拉罕、以撒、雅各的上帝，这个上帝把犹太人带出了埃及，人们丝毫没有想到上帝也会做其他事情，上帝在其他民族中也会以肯定的方式行动。

在基督教里，我们有时会发现情欲与宗教之物两者之间存在一种模糊却诱人的融合——正因为这种模糊性和模棱两可才显得诱人，它具有童真的虔诚，以及勇敢和大胆的顽皮。当然，在天主教中经常可以发现这一点，而在我们这里，最纯粹的形式则存在于普通人当中。想象一下（我知道你喜欢这么做，因为这种情景确实存在）一位年轻的乡村女孩，有着一双无畏的眼睛，它们却羞怯地隐藏在睫毛后面，散发着健康与活力的光彩，她的皮肤也呈现出一种健康而非病态的模样。想象一下她在圣诞节前夜，独自在自己的房间里，午夜已经过去，然而，平时那么忠实地到来的睡眠却迟迟未到。她感到了一种甜蜜愉快的不安，她半开着窗户，独自伴着星辰向外凝视无限的宇宙。一丝叹息使她内心变得轻松，她关上了窗户。带着时不时近乎顽皮[1]的诚挚，她进行着祈祷：

你们三位英明的国王，
今晚让我看看，
我将烘烤谁的面包，
我将整理谁的卧床，

1　有关附注，参见《增补》，第373页（《论文》卷3-B，第41页，第8行）。

我将获得谁的姓氏，

我将成为谁的新娘。[1]

接着，她欢快地跳上了床。老实说，如果那三位国王没有照顾她的话，这对他们来说就是一种耻辱。不要说没有任何人知道她希望的是谁——有一个人知道得很清楚；至少，如果不是所有的预兆都错了的话，那么，她自己多少会知晓。

现在，我们要返回到初恋。它是自由与必然的统一。个体感到被一种不可抗拒的力量引向了另一个体，但恰恰在其中感到了自己的自由。它是普遍与特殊的统一，即使在近乎偶然之物中，它也既有特殊性，又有普遍性。然而，它不是借助反思才拥有了这一切；它直接地拥有了这些。初恋在这个方面越是明确，就越健康，它成为一种真正的初恋的可能性就越大。恋人们彼此被一种不可抗拒的力量所吸引，然而他们也在其中享有自己完全的自由。现在，我不需要利用任何冷酷的父亲，也无须安排必须首先征服的斯芬克斯；我有足够的手段使恋人们做好准备（但我并没有像小说家和戏剧家那样给自己安排这一任务，把时间浪费在折磨全世界、恋人们、读者们和观众们上）；因而，就以上帝的名义让他们

1 《我请求你们，神圣的三位国王》，尤斯特·马蒂亚斯·蒂勒，《歌谣集》卷1—4（哥本哈根：1819—1823），卷3，第96页。

走到一起吧。你看，我正在扮演一位高尚的父亲，这本身确实是一个非常美妙的角色，只要我们自己别经常使其变得荒谬可笑就行。你也许注意到了，我以父亲的方式加上了这样一句话：以上帝的名义。对此，你肯定可以体谅一位老人，一位也许从来就不懂得初恋是什么，或者早已把它忘却了的老人；但如果一个仍被初恋所攫住的年轻人，居然重视所谓“以上帝的名义”，你也许就会感到吃惊了。

因而，初恋本身就具有完全自发的、原初的可靠性。它不怕任何危险，它蔑视整个世界，我只希望它始终都像在这种情况下（in casu）一样轻松自在，因为我绝不会给它设置障碍。也许，我这么做对我毫无好处可言，进一步想，我甚至会因此蒙受耻辱。在初恋中，个体拥有巨大的力量，因而遇不到对手是不乐意的，正如勇敢的骑士拥有可以劈开石头的利剑，却发现自己处于沙地上，甚至连细树枝都没得砍一样。因而，初恋十分牢靠，它不需要任何支持——骑士会说，如果需要支持的话，那它就不再是初恋了。这一点现在看来非常清楚，但也很明显的是，我在兜圈子。我们从前文中已经看到，浪漫之爱的缺陷在于它止步于作为一种抽象的自在（an-sich）的爱情，它所看到和渴望的所有危险都不过是外在的，与爱情完全无关。我们也会想起，如果危险来自另一面，来自内部，那么，问题就会变得更加艰难。但是对此，骑士会自然而然地回答说：诚然，你说的是如果，问题是这怎么可能呢？而且如果真是这样，那么它就再也不是初恋了。你明白了吧，初恋并不是这么一个轻而易举的问题。

现在我也许可以提醒你，反思只是毁灭，这是一个错误的假设；反思同样是拯救。但是，由于我为自己确定的主要任务是要表明，初恋可以在婚姻中继续存在下去，所以，现在我将更为详细地强调我在前文里所暗示的意思，即它可以被纳入一种更高的同心性，对此仍然不需要怀疑。我将在后面表明，初恋的实质在于成为历史性的，其条件恰恰就是婚姻，我也要表明，浪漫的初恋是非历史性的，哪怕人们可以用骑士的功绩填满各种古老的书页也无济于事。

因而，初恋本身是某种直接得到确定的东西，但个体在宗教方面也得到了发展。我确实可以将此作为先决条件；不错，我确实必须将此作为先决条件，因为我要表明初恋与婚姻可以共存。当然，如果不幸的初恋教导个体逃往上帝并在婚姻中寻求安全感，那就是另一个问题了。此时初恋被改变了，尽管重新恢复也是有可能的。于是，人们习惯于把一切都交给上帝。不过,把一切都交给上帝自然会涉及不同方式，有其多样性。现在,他们并非在遇到麻烦的日子去寻找上帝，驱使他们祈祷的也不是恐惧和焦虑；他们的心灵，他们的整个存在都充满了快乐，因而，对他们来说，为此而感谢上帝是最自然不过的事情了。他们无所畏惧，因为外在的危险将无力控制他们，而内在的危险——好吧，事实上，初恋完全不了解那些内在的危险。然而，初恋并没有因向上帝感恩而改变，没有任何恼人的反思掺杂其中，它被引入了一种更高的同心性。但是，这样的感恩像所有的祈祷一样，结合了一种事工的要素（并非在外在的意义上，而是在内在的意义上），这里所谓的事工，在于根据意愿来坚守这一爱情。因此初恋的本质没有改变，没有包含任何反思，也不会在关节点上分崩离析。它仍然具有一切愉悦的和确定的自信，它只被引入了一种更高的同心性。在这种更高的同心性里，它也许完全不知道要恐惧什么，也许完全想象不到任何危险，然而，它却被善的意图纳入了伦理之物中，而后者也是一种初恋（最初的爱）。现在，请别指责我在这里不断使用“同心性”这个词语，从而使自己犯下了一种“把需要论证的东西当成了预设的条件”（petitio principii）的过错，因为无论如何我应该想到这些领域都是不同心的。对此我必须回答说：如果我以非同心性为前提，那么，我肯定不会达到同心性；但我也要请你记住，我在设定这一点的同时也是在论证它。因此，我们现在已经把初恋与伦理之物和宗教之物关联了起来，很明显，它的性质不需要因此而改变；尽管正是伦理之物和宗教之物，才使这种统一在表面上显得很艰难，但最终，所有这些事情也都因此被安排得井井有条。

但是，我太了解你了，以至不敢奢望“以此来搪塞你”。毕竟，你知道世界上的一切困难。你凭借自己敏捷的才智，迅速思考着大量的学术难题、生活情景等等，但你一遇到困难就停止下来，我认为你在任何一种情形之下几乎都不可能战胜这些困难。在某种意义上，你像一个舵手，然而，你其实正好相反。舵手知道各种危险，并且会把轮船安全地驶进港湾；你也知道各种浅滩，却总是使轮船搁浅。不用说，必须承认，你尽了最大努力，也的确很敏捷、熟练。你具有观察人们和观察航道的眼光，你对此经验丰富，一眼就能看出自己得与他们一起航行多远才能使那些人们搁浅。你也不轻率，你没有忘记某某人就处在那搁浅的船里，甚至到你再次看见他时，你都能够以一种孩子气的恶意想起那件事，然后非常热切地询问他的健康以及他是怎样渡过难关的。在这方面，你大概也不会在面对各种困难时显得不知所措。你无疑会想起，我就“我们讨论的是哪个神”这一点表述得相当模糊和不确定，它并不是异教的厄洛斯——厄洛斯无比渴望分享情欲之爱的秘密，其存在根本上是恋人们自己情绪的一种反映[1]——而是基督徒的上帝，精神之上帝，这上帝

1 有关对“reflexion”和“reflection”的思考，参见《两个时代》，第9页，《文集》卷14。

嫉妒一切非精神的东西。你会记得，在基督教中，美的和感官性的东西都被否定了；转眼之间你又评论说，例如，基督是丑陋还是英俊对基督徒来说是一个无关紧要的问题。你要求我按自己的正统观念远离与情欲之爱的秘密约会，尤其是要避免一切居间调解的尝试——你对这件事的反对甚至超过了对最固执的正统观念的反对。“是的，对一位少女来说，站在祭坛前一定会令她感到非常满足，那一定与她的情绪达成完美的和谐。[1]而全体教徒则有可能把她视为一个不完美的人，经受不住尘世欲望的引诱。她站在那儿，就像在学校里接受惩罚或当众进行忏悔一样。因而牧师先要向她布道，然后，也许会靠着栏杆，悄悄地对她耳语，作为片刻的安慰：婚姻是一种令上帝满意的状态。这种场合唯一有价值的，就是牧师的处境，如果她是一个年轻漂亮的女孩，那么，我肯定愿意成为牧师，以便能在她耳旁悄悄告诉她那个秘密。”我的年轻朋友！不错，婚姻确实是一种使上帝满意的状态；另一方面，我不知道《圣经》里有什么地方谈到过对单身汉们的特别祝福，然而，那却是你所有的风流韵事的结局。

可是，要对付你，无疑要承担一项可以说是最为艰难的任务，因为不论如何，你都能够论证任何东西，不论如何，

1　有关以下句子，参见《增补》，第373页（《论文》卷3-B，第41页，第9行）。

每种现象在你手中都能变成任何东西。是的，基督教的上帝确实就是精神，基督教也是精神，肉体（Kjød）与精神（Aand）之间存在着不协调，[1]但肉体并不是感官性的东西（sandselig），而是一种利己主义的东西。在这种意义上，连精神也可以成为感官性的，例如，如果有人轻慢地对待自己的精神天赋，那么，他就成了属于肉体的（kjødelig）。我当然明白，对基督徒来说，基督拥有美丽的形貌这一点并不必要；这一点也是非常令人悲伤的——由于一种不同于你所给出的原因——因为如果美貌是某种本质性的东西的话，那么，信徒会多么渴望见到他啊。但所有这些绝不意味着感官性的东西在基督教中被消灭了。初恋本身具有美的要素，单纯感官性的东西中的欢乐与充实被基督教很好地吸纳了。然而，让我们警惕一件事，一条比你希望避免的歧途还要危险的歧途：让我们不要变得太精神化。显然，也不能诉诸你想用以解释基督教的那种随意态度。如果你的观点是正确的，那么可以肯定的是，我们最好尽快以我们从神秘主义者的极端行为中所了解到的，那些对身体的种种自我折磨和毁灭开始。确实，健康本身会成为值得怀疑的对象。然而，我非常怀疑有哪个虔诚的基督徒会否认他可以祈求上

1　参见《旧约·创世记》3：15。（另，下句括注中的丹麦文单词“sandselig”为英译者所加，似乎应为“sanselig”。——编者注）

帝保持他的健康，向那个为人治病的上帝祈求；不然，那些残疾人实际上应当拒绝被治愈，因为他们毕竟最接近完美。人们越是单纯和童真，他就越可能祷告；但由于童真也是初恋的品质之一，所以，我完全看不出有什么理由不允许祷告，或者更恰当地说——继续前文的陈述——不允许感恩上帝，如果在其本质上没有改变的话。

但是，你也许会更加内疚。那就挑明说吧，管它是一开始就说还是最后再说。如果就以下的一些评论你想说，“你以前从来就没有这样对我说过”，那我将回答说，“非常正确，但善良的观察家先生，你可一定要原谅这个可怜的已婚男人，他竟然胆敢将自己作为观察对象。你的内心隐藏着某种你从来就没有直接说出来的东西。因此，你的表达那么有力，那么充满弹性，因为它意味着你暗示了更多东西，暗示了一场甚至更为可怕的迸发”。因而，你已经发现了你的灵魂所渴望的是什么，它在很多次错误的冒险中原以为会发现什么。你已经找到了一个可以使你的整个存在得到安宁的女孩，即使你看起来有点过于老练，然而，这就是你的初恋——你相信这一点。“她很漂亮”——当然；“很可爱”——啊，肯定是；“然而，她的美并不在于符合标准，而在于多样性的统一，在于偶然，在于自相矛盾”；“她很深情”——这我可以相信；“她全情投入，让人感到眼前的一切几乎都变得暗淡无光了；她很轻盈，可以像鸟儿在树枝上那样轻松走动；她很有灵性（Aand）——这灵性恰好足以使她的美光彩夺目，而并不过分。”

那一天终于来临了，那一天将确保你掌控着自己在世界上拥有的一切，而且你对这一掌控深信不疑。你已获准为她行涂油礼。你在家里的饭厅中已经等了一段时间；一个忙碌的女仆，四五个好奇的表姐妹，一位威严的姑妈，还有一个理发师，好几次从你身边匆匆走过。你对此早已有点烦了。接着,通向起居室的门悄悄打开了。你立刻朝里面看了一眼，你很高兴里面别无他人，她机智地把所有那些不速之客从起居室打发走了。她很漂亮，比以往任何时候都漂亮。有一种生机，有一种和谐洋溢在她周围，使她本人因此颤抖起来。你很吃惊，惊讶于她甚至超出了你的梦想。你为之动容，但你那不易察觉的反思立即掩盖了你的情绪。你的镇静对她甚至具有更大的诱惑力，在她的灵魂中投入了一丝欲望，使她的美变得富有吸引力。你走近她，她那光彩照人的穿戴也为那场景增添了一种非同寻常的气氛。到目前为止，你一言不发。你在看着，却像没有在看的样子。你并不想以多情的笨拙使她生气，但有一面镜子帮了你的忙。你把一枚胸针别在她胸前，那胸针是你在第一天怀着激情亲吻她时送给她的，那激情此刻正在寻求得到充分的确认。她自己把它藏了起来，没有任何人知道这件事。你拿着一小束花，里面只有一种花，一种本身毫无意义的花。无论你什么时候送花给她，始终都是一小朵这种花，但很不引人注目，除了她以外没人察觉到这件事。今天，这朵花也将得到荣誉和地位，单单这花就将使她焕发光彩，因为她喜爱它。你把花递给她，她眼里闪动着泪花；她把花还给你，你吻了吻它，把它别在她胸前。一种悲哀攫住了她。你自己被感动了。她向后退了一点，近乎愤怒地看着自己的华丽服饰，那对她来说是一种干扰。她用双臂搂住你的脖子。她无法让自己放手,她死死抱住你，就像有一种敌对的力量想把你同她分开一样。她那华丽的服饰被揉皱了，她的头发垂了下来，就在这一瞬间，她消失了。你再次处在孤独中，打断这一切的不过是一个忙碌的女仆，四五个好奇的表姐妹,一位威严的姑妈和一个理发师。接着，通向起居室的门开了。她走了进来，她的每种表情中都清楚地表现出一种宁静的严肃。你同她握了手，出发去再次见她——在主的祭坛前。

你已经忘却了这事。你仔细想过很多，在其他时候也想到过这件事，却因自己沉迷其中忘却了这件事。你正处于对所有人来说都会经历的境况中，但你并没有思索过这个问题。然而，你非常成熟，不会看不出婚礼并非只是一种仪式。你被焦虑所攫住。“这个女孩，她的灵魂纯洁得像日光，崇高得像苍穹，单纯得像大海，我可以敬慕地跪在这个女孩面前，我感到她的爱可以把我从所有的混乱中解救出来，使我再生，她就是我要领到主的圣坛前的那个女孩，她将作为一个罪人站在那儿——人们会说起她，并对她说，勾引亚当的人就是夏娃。[1] 在她面前，我骄傲的灵魂要服从她，她是唯一能够使我的灵魂屈从的人——人们将对她说，我要成为她的主人，她要服从自己的丈夫。[2] 这个时刻已经到来，教会早已向她伸出了双臂，在它把她还给我之前，它将首先在她的嘴唇上留下一个新婚之吻，但不是那个我愿意拿全世界来换的新婚之吻。教会早已伸出了自己的双臂拥抱她，但这种拥抱将使她的美黯然失色，然后，教会将把她抛给我并说道：要生养众多。[3] 是怎样的权威，才敢插进我与我的新娘之间——是我自己选择了那个新娘，她也选择了我！而这个权威将命令她忠实于我，就算她确实需要一道命令，那如果她仅仅因为这个第三方——而她爱这第三方胜过爱我——下了命令才对我忠诚怎么办？它也命令我要忠实于她——难道我，整个灵魂都属于她的我，也需要被命令吗？这个权威决定了我们彼此的关系，它说我要命令（byde），

1 参见《旧约·创世记》3：12，17。

2 例如，可参见《旧约·创世记》3：16。

3 参见《旧约·创世记》1：22，28。

她要服从（lyde），但如果我不想命令，如果我感到自己太渺小而无法下命令，那该怎么办？不，我将服从她，她的暗示对我来说就是命令，但我不会服从一个异己的权威。不，我将逃离得远远的，趁还有时间，与她一道远远逃离，我将让夜幕把我们隐藏起来，让沉默的云彩以大胆的图画给我们讲述童话故事，这对新婚之夜来说很适宜，在巨大的苍穹之下，我将陶醉于她的魅力，独自与她在一起，独自存在于这世界上，我将投入她爱情的深渊里；我的双唇缄默无语，因为云彩就是我的思想，我的思想就是云彩；我将召唤和乞求上苍与尘世的一切力量，不让任何东西打扰我的幸福，我将让他们发誓，让他们就此向我发誓。是的——逃走，远远地逃走，这样我的灵魂会再次得到健康，这样我的胸腔可以再次呼吸，这样我就不会在这种令人沉闷的空气里窒息——逃走！"

是的，逃走——我也会说同样的话：逃吧，逃吧，啊，亵渎神灵的人们（Procul，O procul este profani）。[1] 但是，你考虑过她是否会跟随你去进行这种探险吗？"女人是软弱的"；不，她很谦卑，她比男人更接近上帝。此外，她的爱

1　维吉尔，《埃涅阿斯纪》卷 6，第 258 页；《维吉尔的〈埃涅阿斯纪〉》，约翰·亨里克·朔恩海德尔译（哥本哈根：1812），第 263 页；《维吉尔》卷 1—2，H. 拉斯顿·费尔克洛夫译（洛布，纽约：1920），卷 1，第 524—525 页。

就是一切，她肯定不会轻视上帝想赐予她的这种祝福和这种确证。此外，女人从来就没有想到要反对婚姻，如果男人们自己不败坏她，她就永远也不会有这种念头，尽管被解放了的女人们也许会碰到这样的事情。冒犯始终来自男人们，因为男人都很骄傲；他们想成为一切的一切，不想有任何东西超过他们。

你肯定不会否认，我刚才描绘的那幅图画几乎完全适合你，就算你想否认，你可能至少也会承认它适合那些支持这种趋势的人们。为了描述你的初恋，我有意对一些一般的说法做了一点改变，因为老实说，被描述出来的爱情无论多么热烈，无论它表达出怎样的感染力，仍是极具反思性的，仍然非常接近情欲之爱所表现出的卖弄风情，以至人们不敢称其为初恋。初恋是谦卑的，因此也是幸福的，因为有一种高于它本身的权威，或者——如果没有别的原因——至少是为了有一个可以对其感恩的人。（这就是在男人中比在女人中更难见到纯洁的初恋的原因。）在你身上也可以发现与此类似的某种东西，因为你确实说过你要恳求天地的一切力量。这已经显示出，你需要为你的爱情寻求一个更高的起点，只不过这一需求在你这里会变成一种拜物教，心血来潮地随便向着什么东西崇拜。

因而，使你反感的第一件事情，就是你居然要正式成为她的主人。你似乎不是那样的人，也许差得太远；你的话似乎并不能充分说明这一点，但你却不希望放弃这种盲目崇拜、这种卖弄风情——你想成为她的奴隶，尽管你确实感到自己是她的主人。

震撼你的灵魂的第二件事情，就是你的爱人被宣称是一个有罪的女人。你是一个美学家，我忍不住向你提出这个问题，供你那懒散的头脑思考：被宣称有罪这个因素是否反而会使一个女人变得更加漂亮。这背后隐含着一个秘密，这秘密把引人注目的亮光投射到她身上。罪可能具有的那种童真的顽皮只会增强那种美，只要我们敢于断言那顽皮本身是清白无辜的。你肯定可以理解我并不是要较真地坚持这种观点，因为我完全清楚这一点意味着什么，并且将在后面阐明它的含义，但再说一遍，如果你也曾想到过这一点，你也许会对这种审美观察产生绝对的热情。接下来你会做出一系列审美发现，利用这些发现并以最微妙的影射来进行挑衅，或让无辜的年轻女孩独自与这种黑暗势力战斗，抑或以一种浮夸的庄重来玩弄她并据此讽刺她等等，而不管这些行为是不是最合适的，或者说，最有趣的——简言之，你在这方面肯定有大量的事可做。最终，你会想到那种闪耀的光芒，《福音书》里提到的那种洒在罪人身上的光芒：她犯下的很多罪都被赦免了，因为她爱得那么强烈。[1]然而，我要说的是，正是你那异想天开的念头又一次使她像个罪人一样站在那里；抽象地（in abstracto）认识罪是一回事，具体地（in concreto）认识罪则是另一回事。但是，女人是谦卑的，女人从来就不会因为教会对她说过那些严肃言辞而真正感到受冒犯；女人是谦卑的和深信不疑的，谁能像一个女人那样目光低垂，谁又能够像这样抬起目光。因而，如果由于教会庄严地宣称罪已入了世界并在她身上产生了变化的话，那么，这变化就一定是她会更加强烈地坚守着自己的爱情。但由此来看，绝不能接着认为初恋被改变了，它仅仅是被引向了更高的同心性。很难使女人相信尘世的爱情竟是罪，因为她的整个存在会因此在最深刻的根源上被毁灭。就此要补充的是，她肯定不会到主的祭坛前仔细考虑自己是否要爱那个站在她身旁的男人。她爱他，她在这种爱之中拥有自己的生命，那使她心里起疑念的有祸了，那教她悖逆本性、不肯跪拜神、挺立站直的有祸了。也许，我完全不该迁就你，因为你既然坚持认为，为了让初恋真正出现，罪就不该进入世界，那么，你无疑感到了你在对着空气打拳。（总的来说，想要抽除罪恶这一点表明你沉浸

1　参见《新约·路加福音》7：36—47。

在反思之中。）然而，由于那些个体（即我们所讨论的初恋的人）都是虔诚的，所以，我没有必要以任何方式让自己卷入这一切之中。罪恶性就其本身而言并不存在于初恋中，而是存在于初恋中的自私之中，但自私只有在反思之时才会出现，然后又因反思而被消除。

最后，使你震惊的是，有一股第三方的力量要使你忠实于她并使她忠实于你。为了使事情更加清楚，我要求你记住：这个第三方权威本身并不是强制性的，但由于我们想到的那些个体是虔信宗教的，他们自己选择求助于它，而问题在于它是否会在他们初恋的道路上设置障碍。不过，你不会否认，通过某种方式使爱情成为一种义务以寻求得到确认，这对初恋来说是很自然的，初恋的人们在更高的力量面前把那种义务加于自己身上。恋人们对着月亮、星辰、父亲的骨灰、自己的荣誉等等发誓要彼此忠实。如果你对此说道："啊，这些誓言毫无意义，它们不过是对恋人们自己情绪的反思（反映），否则他们怎会想到对着月亮发誓呢？"那我会回答说："你自己在这里已经改变了初恋的性质，因为初恋真正的美在于，一切都通过爱情的力量具备了实在性；只是到了反思的时刻，对着月亮发誓的毫无意义才明显起来；在发誓之时，它还具有效力。"他们对着一种实际上具有效力的力量发誓之后，这种关系被改变了吗？我认为没有改变，因为对爱情来说尤其重要的是，誓言具有真正的意义。因此，如果你认为你可以轻而易举对着云彩和星辰来发誓，但对上帝发誓让你感到不安，那么，这就证明你已沉浸在反思之中。换句话说，除了那些无法与之分享秘密的事物（如云彩和星辰）之外，你一定不会和任何人分享爱情的秘密。爱情确实是神秘的，这没有问题，但你的爱情那么高高在上，以至天堂里的上帝都对它一无所知，尽管上帝是一个——用比较轻浮的表达来说——不碍事的见证人。但是，要说上帝对此肯定不了解，这就属于自私和反思了，因为在同一时间里，上帝既在意识中，又不应在那里存在。初恋并不涉及这样的事情。

因而，你并不需要使爱情在更高的领域里得到升华，或者更正确地说——因为初恋不具有这种需求，它只是自发地这么做了——你确实具有这种需求，却拒绝满足这需求。如果我现在暂时返回到你所想象的那种初恋之上，那么我会说：也许你真的成功地唤起了一切力量，然而，近旁却生长着一株槲寄生[1]。它长大了，向你吹送出寒气，而将温暖藏在自己体内更深处，你们两人也乐在其中。可是，槲寄生标

1 在斯堪的纳维亚神话中，弗蕾娅令一切生命保证不伤害光明之神巴德尔——奥丁和弗丽嘉的儿子；但她忘记了槲寄生，槲寄生后来因为洛基——邪恶的化身——成了杀死巴德尔的工具。

志着这狂热的不安，这不安正是你们爱情的生命原理；它忽冷忽热，不断变化着——的确，你可以既希望你们两人面临着一种永恒性，同时又希望当下的时刻是最后一刻——因此，你们那爱情的死亡就是注定了的。

因而，我们看出了初恋如何与伦理之物和宗教之物相联系，同时又无须借助一种改变自身的反思——因为初恋完全被引向了更高的、直接的同心性。在某种意义上，出现了一种变化，我现在希望考虑的正是它——可以被称为从爱人和被爱的人到新郎和新娘的蜕变的某种东西。它发生在恋人们把自己的初恋带到上帝那里并为此感谢上帝之时，并由此使人变得高尚。男人最常见的弱点就是想象自己已经征服了他所爱的女孩，这使他感到了自己的优越，但这毫无美感。然而，在他感激上帝之时，他在自己的爱情之前变得谦卑；把所爱的人当作上帝给予的礼物，确实要比为了征服她而征服整个世界美好得多。为此再补充一点：真正在爱着的人只有像这样在上帝面前变得谦卑时，才能找到灵魂的安宁，他所爱的那个女孩对他来说那么重要，使得他不敢把她当作战利品，哪怕是在最美好和最高尚的意义之上。如果他以征服和赢得她为乐的话，那么他将懂得持续一生的日常胜利才是恰当的，而不是那种诱人沉迷的、短暂的超自然力量。然而，这种事情不会显得好像是发生在怀疑之后，而是直接发生的。所以，初恋的真正生命依然存在，但那些劣质酒精之类的东西，如果可以这么说的话，却被蒸发了。对女性来说，她往往会感受到男人的主导地位并向之屈服，然而，就算她乐于变得无足轻重，甚至在其中感到幸福，她的屈服与自我贬损的态度仍很有可能变为某种虚假之物。而现在，当她为了所爱的人而感激上帝时，她的灵魂得到了保护，不会遭受痛苦；由于能够感激上帝，她在自己与所爱的人之间保持了足够的距离，为的是她能够呼吸。这并不是作为一种使人警醒的怀疑之结果而发生的——她不懂得这样的事情——而是直接地发生了。

我在前面早已提到了，在初恋中，是永恒——哪怕是虚幻的永恒——使初恋变得合乎道德。现在，当恋人们把他们的爱情归于上帝之时，这种感激就已经在爱情之上打下了永恒的绝对印记，也在意图和义务之上打下了永恒的绝对印记，这种永恒因而就不是以模糊的力量为基础，而是以永恒本身为基础。那意图也具有另一种意义。其中隐含着爱情会发生变化的可能性，因而也是摆脱烦扰初恋本身的困境——令初恋无法进步之困境——的可能性。审美之处在于初恋的无限性，[1] 然而非审美之处却在于那种不可能性：不可能使这种无限性变为有限的。宗教之物的介入何以不会妨碍初恋，我将以一种隐喻的表达来解释。宗教之物实际上是对这样一种信念的表达，即相信得到上帝帮助的人比整个世界都更轻盈，相信一个人能游泳，也是基于相同的信念。如果有这样一根能在水中拉住人的游泳腰带，那么就可以想象到那些遭遇过生命危险的人总会戴着它，但也可想象到那些从来就没有遭遇过生命危险的人也会戴着它。后一种情况恰好说明了初恋与宗教之物的关系。初恋让自身受到宗教之物的约束，这不必事先经历任何痛苦的事件或焦虑的反思，但我必须恳求你不要因为这个隐喻就得到如下那种印象，似

---

1 例如，可参见黑格尔《美学讲演录》，《著作集》卷 10，第 137—138，145，150 页；J. A. 卷 12，第 153—154，161，166 页；《艺术哲学》卷 1—4（V. A. 译，第一版，1835—1838；克尔凯郭尔有这个版本），F. P. B. 奥马斯顿译（伦敦：1920）卷 1，第 147，154，159 页（中译文引自《美学》，朱光潜译［北京：2018］，第 119，125，128 页）：

> 我们已经把美称为美的理念，意思是说，美本身应该理解为理念，而且应该理解为一种确定形式的理念，即理想。一般说来，理念不是别的，就是概念，概念所代表的实在，以及这二者的统一。
>
> 所以知解力总是困在有限的、片面的、不真实的事物里。美本身却是无限的、自由的。
>
> 无论就美的客观存在，还是就主体欣赏来说，美的概念都带有这种自由和无限；正是由于这种自由和无限，美的领域才解脱了有限事物的相对性，上升到理念和真实的绝对境界。

乎宗教之物仅仅与初恋有着一种外在的关系。其实，前文已经表明了实情并非如此。

因而，现在让我们来彻底澄清这种描述。你谈了很多关于情欲中的拥抱——与婚姻中的拥抱相比，它又算什么呢？相比情欲中的“我的”，婚姻中的“我的”具有多么丰富的音调变化。它不仅在诱惑时刻的永恒中回响，不仅在想象与观念的虚幻永恒中回响，而且也在意识的永恒、在永恒之永恒中回响。婚姻中的“我的”里存在着何等的力量，使意志、决定和意图都具有了远为深刻的调子；[1] 它具有怎样的活力和柔韧度，才能像意志那么坚强，又那么柔和；它具有怎样的动力，而不仅仅是暗地里的冲动那般迷惑人的兴奋！因为婚姻是建立在天堂中的，而义务贯穿了存在的整个实体直到终极，开辟了道路，并确保在一切永恒之中没有任何障碍能扰乱爱情！因而，就让唐璜待在他那浪漫的树荫里吧，让骑士待在夜空和星辰之下吧——要是他除了这些就看不见任何其他东西的话。婚姻在更高处有着自己的天堂。婚姻的情形就是如此；如果不是这样，那并不是上帝的错，也不是基督教的错，不是婚礼仪式的错，不是诅咒的错，不是祝福的错，而只是人们自己的错。

1 有关本句的更多讨论，参见《增补》，第 373 页（《论文》卷 3-B，第 41 页，第 10 行）。

那些书籍的写法使人们对生活感到困惑，使他们在开始生活之前就讨厌生活，而没有教他们如何去生活——这实在很糟糕。即使它们都是对的，那也是一种令人痛苦的真理；但不是这样的，那是一种谎言。它们教给我们的都是罪恶，而那些没有勇气犯罪的人们则在另外一些方面很不愉快。不幸的是，我自己深受美学的影响，不知道“丈夫”这个词语在你听来很刺耳。但这与我无关。如果“丈夫”这个词语已经受到了怀疑，几乎成了某种荒谬可笑的东西，那么，这正是我们再次力求坚守其名誉的时候了。如果你说“虽然人们见过许多婚姻，却从来没有见过这样的婚姻”，这并不会使我灰心，因为过于日常的婚姻几乎使人觉察不到婚姻中的伟大，尤其因为人们尽了一切努力想轻视它。那个在祭坛面前把手递给男人的女孩，被认为比你们在浪漫小说里读到的那些初恋中的女主角低一等，不就是你们这些人推波助澜的吗？

我耐心听了你的话，见证了你的情感爆发，它也许比你彻底承认的还要强烈（但在你面对作为一种现实的婚姻时，你将发现——即使你也许不完全理解自己身上的那些情感——它让你内心汹涌澎湃，虽然你也许不会透露给任何人），那么之后你必须原谅我要做出一点自己的评论。人一生中只能爱一次，心灵要坚守住自己的初恋[1]——婚姻。倾听并赞美不同星球构成的这种和谐共鸣吧。那是同一个主题，只不过是分别从美学、宗教和伦理方面来表达的。人只能爱一次。为了实现这一点，婚姻登场了，如果互不相爱的人们想到要结婚，那么，这不是教会的过错。人只能爱一次——这话从各种各样的源头发出回响，回响在那些每天都在证实它的幸福的人们那里，回响在那些不幸的人们那里。在那些人之中，实际上只有两类人——那些始终都渴望理想的人们，和那些并不希望牢牢坚持理想的人们。后者是真正的勾引家。很难碰到他们，因为做勾引家要具备某种非同寻常的东西。我曾认识一个人，他也承认人只能爱一次——但爱情无法驯服他那狂野的欲望。确实，有些人说人只能爱一次，但能够结婚两次或三次。各个星球的运行在这里又统一起来了，因为美学家说“不”，教会和教会伦理也往往质疑再婚。这对我来说至关重要，因为如果人可以恋爱很多次的话，那么，婚姻就成了一件可疑的事情；那么，看上去就像是由于宗教之物的专断任意而使情欲遭到了损害。一般来说宗教之物要求人应当只爱一次，所以，它可能会随意地对待情欲这个问题，就像说，你可以结一次婚，

1 参见《非此即彼》第一部，第 254 页，《文集》卷 3。

这样问题就结束了。

现在我们看出了初恋在没有被改变的情况下是如何进入婚姻关系中的。暗含在初恋中的那种审美要素一定也存在于婚姻之中，因为初恋包含在婚姻之中。可是，如前所述，审美存在于无限之中，存在于初恋所具有的先天性（Aprioritet）之中。因此，在爱情的对立统一中所暗含着的是：它是感官性的，却又是精神性的；它是自由，却又是必然；它是当下的，在很大程度上是现在时的，却又蕴含着永恒性。婚姻也具有这一切，它是感官性的，又是精神性的，但不止于此，因为“精神性的”（aandelig）这个词，如果是就初恋而言的，那么它最接近的意义是灵魂性的（sjælelig），它指的是为精神所渗透的感官性。它是自由的和必然的，但也不止于此，因为就初恋而言的那种自由实际上仍然还是灵魂性的自由，个体性在其中尚未使自身摆脱自然的必然性。然而，越是自由，就越是舍己（self-giving），只有拥有自己的人，才可能不吝惜自己。在宗教之物里，个体成了自由的——他脱离了虚假的骄傲，她脱离了虚假的谦卑——宗教之物挤进两个彼此紧紧地拥抱在一起的恋人之间，并非要使他们分离，而是使得她能以一种毋庸置疑的丰富性来奉献自己，也使得他不仅仅是接受，而且也奉献自己让她接受。宗教之物具有一种内在的无限性，更甚于初恋，因为婚姻内在的无限性就是一种永恒的生命。宗教之物是一种对立的统一，更甚于初恋，因为宗教之物还具有一种对立，即在更深刻的层面上的精神性与感官性的对立。然而，人们越是远离感官性，它就越是具有审美意义，否则动物的本能就是最有审美意义的。但是，婚姻中的精神高于初恋中的精神，并且婚床之上的苍穹越高，那精神性的东西就越好，越美妙，越有审美意义；婚姻之上的苍穹不是尘世的天堂，而是精神的天堂。它是当下的，它是健康的和强有力的。它超越了自身，却是在一种比初恋更深刻的意义上，因为初恋的抽象特征恰恰就是初恋的弱点，但在婚姻所具有的意向里，暗含着运动法则，具有一种内在历史的可能性。意向就是一种最完美的顺从，人们在其中并不关注要失去什么，而是关注通过牢牢坚持会获得什么。在这种意向中，人们设定了一个他者，在这种意向中，爱情被置于同那个他者的关系之中，但并不是在外在的意义上。然而，这里的意向（Forsæt）并不是怀疑所致的结果，而是应许（Forjættelse）之盈余。婚姻是如此美好，感官性的东西绝不会被抛弃，而是变高贵了。确实，我承认这一点——那也许是我的错——我经常想到自己的婚姻，每当此时，婚姻将要终止的念头就会在我身上唤起一种莫名的悲哀，而另外一个会引起悲哀的念头是，认为自己必然会在来生与此世缔结婚姻的她结为一体并与她共同生活——这将以另一种方式把她交给我，而本来属于我们婚姻的条件之一的那种“对立”将被废除。然而，使我感到安慰的是，我知道我将回想起我与她共同生活时的那种关系，那是这个尘世的生活所提供的最亲密、最美好的关系。我对这一主题的理解是，尘世之爱（Kjærlighed）的缺点同样也是它的优点——它乃是一种偏爱（Forkjærlighed）。精神之爱毫无偏爱，向着相反的方向发展，不断排除所有相对性。真正的尘世之爱则相反，它达到最高峰时，就是只对世界上某一个人的爱。这就是只爱一个人和只爱一次的真理。尘世之爱开始于爱几个人——这些爱是一些初步的期望——并以爱一个人而告终；精神之爱不断使自身越来越开放，所爱的人越来越多，其真理在于爱一切人。因此，婚姻是感官性的，也是精神性的，是自由的，也是必然的，它是绝对自在的，却也在自身中指向了对自身的超越。

既然婚姻在这方面是一种内在的和谐，它自身当然就具有其目的论；那就是说，由于它不断地以自身为前提，因而任何就婚姻的“为什么”所提出的问题都是一种误解，这一点很容易靠平庸的常识来解释。尽管这种理解似乎比合唱队指挥巴西利奥的看法要更谦虚一点——巴西利奥认为，婚姻是所有荒谬可笑的事情中最荒谬可笑的[1]——但是，这不仅很容易诱使你，而且也很容易诱使我说："如果婚姻仅此而已，那么，婚姻就确实是所有荒谬可笑的事情中最荒谬可笑的了。"

不过，为了打发时间，让我们更仔细一点，看看其中的一两个问题。即使我们的笑声背后存在着巨大差异，但我们也许还是会一起笑起来。这种差异大致相当于我们在使用如下答案来回答"为什么会有婚姻"这个问题时的语调上的差异：只有上帝才知道。此外，当我说我们一起笑一笑时，绝不要忘了在这方面我多么有赖于你的观察，我作为一个已婚男人真的要感谢你。那就是说，如果人们不希望完成这项最美好的任务，如果他们想在除了给他们指定的罗得岛以外的任何地方跳舞的话，[2]那么，就让他们成为你

---

1 参见莫扎特，《费加罗的婚礼》，第 1 幕，第 7 场；第 25—31 页；马丁，第 83—99 页。

2 在《自夸的旅行者》中，伊索讲到了一个人，那个人声称要在罗得岛上来一次惊人的跳跃。此时，一个旁观者回答说："这里就是罗得岛，你在这里跳吧（Hic Rhodos；hic salta）。"见《伊索寓言》，托马斯·比伊克编（纽约：1975），第 59 页。在援引伊索寓言时，黑格尔有时用的是"跳舞"这个词。例如，可参见《法哲学讲演录》，《作品集》卷 8，第 19 页；J. A. 卷 7，第 35 页；《法哲学讲演录》，第 11 页：

> 它所包含的教诲不可能包括要教导这种状态应当是什么；它只可能表明如何理解这种状态，道德的普遍性。

（转下页）

或者其他捣蛋鬼的牺牲品好了，你们这些打着知己旗号的人懂得如何去愚弄他们。然而，我想为一个观点正名，这是一个我从来就没有而且将来也不会允许自己嘲笑的观点。你经常说，有一件“妙极了”的事情：到处走来走去，单独问问每一个人为什么结婚，而人们将会发现决定性的因素一般都是一种无关紧要的情况，然后你会思忖，对婚姻及其诸种后果的最大影响居然会来自这样一个小小的原因，这是多么荒唐可笑。我不会详细讨论你在完全抽象地考察所谓无关紧要的情况时隐含的错误；事实上，无关紧要的情况往往与各种因素结合起来，才会导致某件事情，不过对此我也不必多谈了。

不过，我想强调的是那些尽可能少拥有“为什么”的婚姻中所具有的美。“为什么”越少，爱就越多——只要人们

’Ιδοὺ ‘Ρόδος ἰδοὺ καὶ τὸ πήδημα
Hic Rhodus, *hic* saltus.

为了理解什么存在，这就是哲学的任务，因为存在的，就是理性。无论发生什么，每一个体都是自己时代的孩子；因而哲学在被领悟了的思想中也有它自己的时代。正如幻想一个人能越过他自己的时代、跳过罗得岛是荒谬的一样，幻想一种哲学能超越其当代的世界也是荒谬的。如果他的理论真的超越了现在这样的世界，建立一个应当如此的理想世界，那么，那个世界就确实存在着，但仅仅是在他看来，是一种非实质性的因素，只要你高兴，就可以在幻想中建立起来。
稍加变动地援引那句谚语来说：这里有玫瑰花，就在这里跳舞吧（Hier ist die Rose，hier tanze）。

从中看到了真理。诚然，对轻率的人来说，那个“为什么”显得微不足道；对严肃的人来说，“为什么”则显得举足轻重，而且他也乐于这么认为。确实，“为什么”越少就越好。在下层社会中，结成婚姻关系一般都没有什么重大的“为什么”，但由于这个原因，这些婚姻中也就不会那么经常地回响起很多“如何”之类的声音——他们如何进行安排，如何照顾孩子等等。除了婚姻本身的“为什么”之外，没有别的什么属于婚姻，而婚姻本身所具有的“为什么”乃是无限的，所以，正是在此意义上我认为没有什么“为什么”——这一点上你也很容易说服自己。如果有人用这个有根据的“因此”来回答一个有基本常识的平庸的已婚男人提出的“为什么”的话，那么，他就很有可能像《精灵》一书里的那个学校老师那样回答说：“那就再给我们一个新的谎言吧。”[1]你也将看出，我为什么不希望也确实没法从“为什么”的缺乏中看到喜剧性的一面，因为我担心由此丧失真理。真正的“为什么”只有一个，但它也具有一种本质的、无限的能量和力量，它们可以消除所有的“如何”。有限的“为什么”是一个总和，是一个群，每个人都从中选择自己的“为什么”，这一个人选择的多些，另一个人选择的少些——然

1 约翰·路德维希·海伯格，《精灵》（*Alferne*），第 4 章；《戏剧集》卷 1—7（哥本哈根：1833—1841）卷 6，第 66 页。

而整个这一群都同样愚蠢，因为即使有人能在婚姻的门前把全部有限的“为什么”都统一起来，他也不过是所有丈夫中最不幸的一个。

对婚姻的“为什么”做出的看上去最体面的一个回答是：婚姻是性格的学校，人们结婚为的是陶冶性情，使之变得高尚。我现在要把自己的注意力转移到一种特定情况上来，多亏有你，我才关注到它。事关一个“你已经牢牢在握的”公务员——那是你自己说的，这话很有你的风格。当你的观察对象出现时，你不会退缩，因为你认为自己是在完成使命。顺便一说，他是一个相当聪明的家伙，尤其是具有引人注目的语言天赋。那一家人聚在茶桌旁。他抽着烟斗。他的妻子一点都不漂亮，长相相当普通，同他相比很显老，因此如你所评论的，人们立刻就会想到，在这其中一定会有一个古怪的“为什么”。茶桌旁坐着一位年轻、脸色有点苍白、刚刚结婚的女人，她似乎知道另一个“为什么”。女主人亲自在倒茶，一个十六岁的女孩在递茶，她不漂亮，却丰满健康，充满活力，她迄今为止似乎还没有得出任何“为什么”的答案。在这群可敬的人中，“你这个可耻的人”也找到了一个位置。你出于公事（ex officio）到场了（虽说你早已徒劳无功地去过那里好几次了），自然而然地觉得这个情景十分有利，不能白白浪费。正巧在那段日子里，人们对一桩被解除了的婚约有一些议论。不过，那家人还没有听说这条重要的当地新闻。所有方面都在议论那案子——那就是说，所有人都是原告（actores）。案子随后被提交判决，那罪人被开除了教籍。各种情绪沸沸扬扬。你冒险说了一小段略微同情那个被判有罪的人的评论，这自然不能算是为那个人辩护，却提供了一种暗示。这个意图失败后，你继续说道："也许，整个订婚很仓促；也许，他没有分析那个重要的'为什么'——在走出这决定性的一步之前，人们总可以说'但是'（aber）了吧；说到底（enfin），人们为什么要结婚？为什么，为什么呢?"这些"为什么"中的每一个都是以不同的语气说出来的，却仍然像是带着怀疑的口吻。这太过分了。一个"为什么"就已经足够了，但像这样完整地点名集结，充分调动起来向敌营行进，却是决定性的战斗。时候到了。主人具有某种善良的天性，同时具备普遍的常识，他说道：啊，我的好人，我来告诉你为什么——人们结婚是因为婚姻是性格的学校。这就是一切的开端。部分由于反对，部分由于赞许，你使他莫名其妙地做了过火的事——这对他自己的妻子有一点启发，对刚结婚的那位年轻妻子是一种冒犯，对年轻的女孩来说，则让她感到了惊异。那段时间里，我早已就你的行为指责过你，不是为了主人，而是为了那些女人，在她们看来，你已经坏到足以使这场面变得麻烦又拖沓。我无须为后两位女性进行辩护，就那件事而言，正是你习惯性的逢场作戏，诱使你去吸引她们的目光。但他的妻子也许实际上仍然爱着他，因此，对她来说听到这些难道不是很可怕吗？就此还要补充的是，事实上在整个情景中有某种不合时宜的东西。欲使婚姻成为道德的这种常识性的反思，实际上却使婚姻变成了不道德的。感官性的爱情只有一种升华方式，在这一升华中，它在同等程度上是审美的、宗教的以及道德的——那就是爱情。常识性的算计恰恰使它成了非审美的和非宗教的，因为感官性的东西并不在它直接的权利范围之内。所以，一个为了这种或那种原因而结婚的人，他所采取的行动是非审美的，也是非宗教的。其目的中的善意毫无用处，因为错误恰恰在于他有一个目的。如果一个女人为了给世界孕育一位救世主而结婚——不错，世上曾有这样疯癫的行为，这种疯癫的行为似乎给她的婚姻带来了一个巨大的"为什么"——那么，这桩婚姻就既是不道德、非宗教的，也是非审美的。这正是人们经常无法自己弄明白的事情。某些秉持常识的男人，他们极为轻视审美，认为它是无用的，是孩子们的游戏，他们怀着自己那可怜的目的论，认为自己高踞这样的东西之上，但事实恰恰相反；正由于这种常识，这样的人是不道德的，也是非审美的。这就是为什么最好去看看另一性别的情况，在女性中，这既是更加宗教的，也是更加审美的。在其他方面，主人说的话肯定也是微不足道的，我不必说出来。不过，我将以下面的愿望来总结这种观察：我祝愿每个这样的丈夫都有一个像克珊西帕那样的妻子[1]和一群无比堕落的孩子——这样，他就有希望具备条件，达到自己的目的了。

此外，这种婚姻实际上正是一所性格学校，或者说——为了避免使用低级庸俗的语言——这种婚姻是性格的开端。我很容易让步，虽然我自然必须继续坚持认为，为了这个原因而结婚的人很可能并不属于爱情的学校。而且，这样的人从来不会得益于这种教育。首先，他让自己不再去加固、整

1 克珊西帕是苏格拉底的妻子，以凶悍著称。参见第欧根尼·拉尔修，《名哲言行录》，卷 2，第 36—37 页；《名哲言行录》卷 1—2（莱比锡：1833），卷 1，第 77—78 页；《名哲言行录》卷 1—2，博尔格·吕斯布里夫译（哥本哈根：1812），卷 1，第 72—73 页；《名哲言行录》卷 1—2，R. D. 希克斯译（洛布，纽约：1925），第 167 页（中译文引自《名哲言行录》，徐开来、溥林译［桂林：2010］，第 84 页）：

> 对于克珊西帕先骂他，后用水泼他的情形，他说道："难道我没有说过，克珊西帕的雷声将造成下雨吗？"针对阿尔基比亚德斯说克珊西帕的责骂不可忍受的问题，他说："但是，我习惯了，就好像已经习惯于听滑轮被卡的声音一样。而你呢？"他接着说："却想去阻止鹅的叫声。"阿尔基比亚德斯反驳："但是，鹅还给我生鹅蛋和小鹅呢。"他则说："克珊西帕也给我生孩子。"有一次，她在集市中把他的外套从背上撕扯了下来，他的熟人们都建议他还手，他却说道："是的，以宙斯的名义发誓，如果我们真打起来，你们每个人都会说，'打得好，苏格拉底！''好样的，克珊西帕！'"他说，他跟泼妇在一起生活，就如同马夫喜欢烈马。"但是，正如他们驯服了烈马后，就能轻而易举地驾驭其他马匹，我也一样，和克珊西帕待在一起，使我学会了调整自己，以适应其他任何人。"

合构成婚姻的每个念头和关节点，让自己不再拥有穿透人心的颤栗,因为那确实是一种危险的举动；但它其实本应如此，而想要算计是完全不对的，甚至任何这样的算计都恰恰是在试图削弱这种颤栗。其次，他当然会输掉爱情的巨大流动资本，会输掉宗教性的东西在婚姻中所提供的谦卑。他精明过人，自然会就自身如何发展下去提出一套固定的、事先预备的观念；因而，这就成了他的婚姻的准则，他毫不羞愧地为自己选择了那个不幸的人作为他自己试验的对象。然而，让我们忘却这事，心怀感激地回想一下婚姻实际上给人的教育，换言之，我是指人们没有自以为高踞其上（就像教育中的常见问题那样），而是使自己从属于所受的那种教育。婚姻在使整个灵魂成熟的同时，赋予了人们以意义感和责任的重担，这些重担都不可能靠诡辩来摆脱掉，因为人们在爱恋。它能通过属于女人（她是训诫男人的严师）的谦恭的羞怯而使整个人（男人）变得高尚，因为女人是男人的良心。它把韵律带进了男人偏离中心的运动中；它把力量和意义赋予女人宁静的生活，前提是她从男人身上寻求这一点，并且这种力量不会成为一种非女性化的男人气概。他那骄傲的热情奔放，却因为他不断返回到她那里而缓和；

她的虚弱由于她对他的依赖而得到了弥补。[1]

现在，所有这些琐事都涉及婚姻。是的，在这方面你肯定会赞同我的观点，但你也会祈祷上帝使你摆脱它。不，没有任何东西能教会人那么多琐事。人的一生中有一个时期应当脱离这样的事情，但也有一个时期，这样的琐事都是有益的。需要一个伟大的灵魂把他的灵魂从琐事中拯救出来，但只要他愿意就能做到，因为只要有意造就伟大的灵魂，那个人就会去爱，就愿意去爱。这可能很艰难，尤其是对男人来说，这正是女人在这方面对他具有如此巨大意义的原因。

---

1 因此，正是婚姻，才在实际上首先赋予人以积极的自由，因为这种关系可以扩大到他的全部生活，扩大到最微不足道和最伟大的方面。它使他摆脱了自然事物中某种不自然的窘迫，这很有可能以其他许多方式达到，但也很容易以善为代价；它通过使他保持活力而从习惯的惰性中解放出来；它恰恰通过使他与一个人结为一体而使他摆脱了人们。我经常注意到，未婚的人像奴隶一样做着苦工。首先，他们是自己幻想的奴隶；他们在自己的日常生活中任由自己沉迷于一切之中，不欠任何人的账，但他们实际上接着也会依赖他人，成为他人的奴隶。他们那么经常地扮演仆人、管家等角色。他们是主人幻想和念头的化身，被简化为时钟的敲击声；他们知道主人何时起床，或更准确地说，知道应当提前多久把主人叫醒，或更准确地说，在主人被叫醒之前要提前多久把书房预热；他们懂得如何把主人干净的内衣准备好，如何把主人的长筒袜卷起以便容易穿上，在他洗完热水澡时如何把凉水准备好，在他出来时如何打开窗户，在他回家时如何把脱靴器和拖鞋准备好等等。这些家仆，尤其是他们还算聪明的话，就很容易熟悉所有这一切。现在，虽然这一切都按时准备好了，但这些未婚的人还是经常得不到满足。他们毕竟能获得每个愿望的满足。有时他们脾气暴躁，接着又变得温和善良。确实，一两个银币就能使一切变得顺利。仆人们很快就学会了如何利用这一点，所以，那不过是在适当时候做错了一点事，使主人发怒、痛心疾首，然后得到一点小费的问题。主人和主妇常被这样的人迷惑，主人并不知道当仆人做错事时是否应称赞他的一丝不苟还是他所表现出来的后悔。这样的仆人对主人和主妇来说变得过于重要，成了一个十足的暴君。——原注

创造她是为了应付那些琐事，她懂得如何赋予它们以意义、价值、令人心醉的美。它们使人脱离了习惯，脱离了单调性的压迫，脱离了任性幻想的束缚，所有那些邪恶又怎会有时间在一种不断进行各种自我考察的婚姻关系中形成呢？任何那类事情都不可能发展起来，因为“爱是恒久忍耐，又有恩慈；爱是不嫉妒，爱是不自夸，不张狂，不作害羞的事，不求自己的益处，不轻易发怒，不计算人的恶，不喜欢不义，只喜欢真理；凡事包容，凡事相信，凡事盼望，凡事忍耐”。[1] 想一想上帝的使徒之一所说的这些美妙言辞吧；想一想它们以这样一种方式适用于整个人生，以至人们能毫不费力地多次实践它们——人们会多次失败，多次忘却，但仍然会再次返回到它们；想一想这样一对已婚夫妇，他们敢于像这样彼此说这些话，从而留下的主要印象仍然是快乐的。其中有着怎样的祝福，怎样的性格的升华！在婚姻中，人们无法以巨大的激情取得任何进展。人们不可能事先给予或获取。人们在某一个月里的极度深情，并不可能补偿给另外的时候，在这个方面，每一天自有每一天的麻烦，[2] 但也有它的祝福。我明白，我已经使自己的傲慢和疑病症式的不安归顺于对她

1 参见《新约·哥林多前书》13：4—7。

2 参见《新约·马太福音》6：34。

的爱，已经使她的狂热归顺于我们互相的爱。但我也明白，那已耗费了很多时日；我也明白，前方也许有很多危险，但我的希望将取得胜利。

或者说，[1]人们结婚是为了生孩子，为这个地球上人类的繁衍做出自己微小的贡献。想象一下，如果一个人没有孩子，他的贡献就会非常之小。各个国家肯定会认可对婚姻抱持这种意图的人，并奖励那些已婚者和那些有很多男孩的人。基督教有时以奖励那些避免结婚的人而站在这一点的对立面。然而，即使这种对立是一个错误，它也表明了对人格的极大尊重，成功地使单一的个体成为决定性的，而不只是一个因素。人们越是抽象地设想国家，个体就越少能够从中脱离出来，这样的奖励和鼓励就越是自然。与此相反，在我们这个时代，没有孩子的婚姻几乎经常得到赞美。换句话说，就影响人们，使他们顺从并且进入婚姻这个角度，我们的时代已经进入了一个艰难的时期；如果人们对自己的否定到了这一程度，甚至感到厌倦，那么他们的确不可能忍受养育一大群孩子这类使人操劳的麻烦事情。在小说里经常有这样的断言——尽管是不经意的，但对不结婚的特定个体来说却足以提供一个理由：他无法忍受有孩子。而在生活

1 有关以下一句，参见《增补》，第 374 页（《文集》卷 4-A，第 249 页）。

中，在最文明的国家里，这一点表现为孩子们要尽可能从父母的家里搬出去，他们被安排到寄读学校里等等。在那些有四个可爱孩子的悲喜交加的家庭里，男人们都暗中希望孩子们离家远远的，你不是经常对此感到好笑吗？当孩子们不得不被打屁股时，当他们自己跌倒时，当他们叫喊时，当大人们——父亲们——想到自己的孩子使自己受到彻底约束而对自己的冒险感到灰心丧气时，面对这种家庭中的男人对生活琐事所具有的愤怒情绪，你不是经常会为此幸灾乐祸吗？当你满脑子想着那些高贵父亲们的孩子，对确实拥有孩子的人说上几句祝福的话时，你不是经常怀着名不虚传的残忍而把那些父亲们推向受到压抑的愤怒的巅峰吗？

为人类的繁衍做贡献而结婚，可能是一个非常客观又自然的原因。这就像人们使自己处在上帝的地位，从这个地位去看人类延续中的美；是的，人们可以特别强调这些话："要生养众多，遍满地面。"[1] 然而，这样的婚姻是不自然的、任意专断的，而且并没有任何来自《圣经》的证据支持。就后者而言，我们知道上帝设立了婚姻，因为对男人来说独身并不好，为的是赐给他一个伴侣。[2] 现在，即使那些藐视宗

1　参见《旧约·创世记》1：28。

2　参见《旧约·创世记》2：18。

教的人也会有点怀疑地认为，那个伴侣一开始就使男人陷入了堕落，但这什么都没有证明，我倒很愿意把这件事当作献给所有婚姻的一个座右铭，因为只有到女人这么做了时，他们之间的至为亲密的关系才得到了巩固。于是，我们也读到了这句话：上帝赐福给他们。[1] 这句话完全被忽略了。使徒保罗在某个地方曾相当严厉地命令女人们要默默地、完全谦卑地接受教诲并保持沉默，然后，在使她沉默下来之后，为使她变得更加谦卑，他补充道：她将因为生育孩子而得救。如果他没有通过加上这么一句来弥补这一切的话——若他们（孩子们）常存信心、爱心，又圣洁自守[2]——我绝不会原谅使徒的轻蔑。

在这种联系中，对我而言（也许看起来有些奇怪），我的事业几乎不允许我有时间去研究，我那并不高明的研究一般都在完全不同的方向上，但我似乎对《圣经》非常熟悉，以至我具备了获得神学学位的资格。有个古代的异教徒——我想是塞内加——曾经说过，当人活到三十岁时，就应当非常了解自己的体质，以至可以成为自己的医生；[3]

1 参见《旧约·创世记》1：22。

2 参见《新约·提摩太前书》2：11—15。（需要说明的是，此处克尔凯郭尔的解释与常见《圣经》译本不同，后者往往将该句的主语认定为女人们，而非孩子们。——编者注）

3 在塞内加的著作中没有这句话。参见《书信》第 176 封信，《文集》卷 25。

我同样认为，当人达到某种年龄时，他应当能成为自己的牧师。我绝非轻视参与教会礼拜和在那里发布的训导，但我确实认为，人们应当持续关注那些最重要的人际关系，此外，人们几乎没有听见过就此进行的严格意义上的布道。我对那些虔诚的书籍和印刷出来的布道词特别反感，这就是我在无法去教堂时，需要求助于《圣经》的原因。为了获取信息，我会进一步向一些神学学者或一些学术著作求教，在那些著作里可以找到与要研究的问题相关的最重要的《圣经》章节，接着我就悉心阅读那些章节。我早已结婚，但结婚半年之后我才想到了要认真思索《新约》中有关婚姻的教诲。在我自己结婚之前，我参加过好几次婚礼，所以，我知晓在这种场合要宣读的神圣誓词。不过，我还是想认识得更透彻，因此，我向我的朋友奥卢夫森牧师请教，他那时正在城里。按照他的教诲，我找到了一些主要段落，[1]并大声给我妻子朗读。我非常清楚地记得那个段落[2]给她留下的印象。此外，这是一个很微妙的问题。我并不熟悉我要读给她听的《圣经》中的那个段落，我也不希望事先去看它们。我不喜欢准备好，

1 有关本句的更多讨论，参见《增补》，第 374 页（《论文》卷 3，第 41 页，第 13 行）。

2 有关本句的更多讨论，参见《增补》，第 374 页（《论文》卷 3-B，第 41 页，第 14 行）。

给她留下我自己希望的印象，所有这类准备活动都是源于错误的不信任。你可以把这一点记在心里。诚然，你没有结婚，因此，你在最严格的意义上还没有让自己对任何人敞开心扉，但你的准备活动实际上近乎荒谬可笑。你固然可以愚弄人们，固然可以显得非常随意地、尽可能即兴地做一切事情，然而，我认为，你不可能在一点都没有想好如何说的情况下就说“再见”。

不过，还是让我们返回到婚姻，以及那些为了人类繁衍而结婚的不知疲倦的人们上来。这种婚姻有时会把自己隐藏在更为审美的外表之下。那是一个濒临死亡的、高贵的、古老的贵族家庭，只剩下了两个代表人物——祖父和他的孙子。那个可敬老人的唯一希望就是孙子结婚，这样，那个家族就不会消亡。或者说，那个人的生命中没有经历过太多苦难，但他带着某种忧伤想到了过去，哪怕不能进一步回想，至少也要回想到自己的父母，因为他深深地热爱他们，所以他希望这个姓氏不会消失，而是保留在活着的人们那充满感激的回忆之中。也许，他产生了一种模糊的想法，如果能告诉自己的孩子们其祖父死了有多久，用这样一种只属于回忆的理想形象来加固他们的生活，用这种想法激励他们追求一切高尚和伟大的东西——如果是这样该有多美好！也许，他会认为在这么做时，他能够偿还他觉得欠自己父母的某些债。

这确实很美好，是善的，但它仍然与婚姻没有关系，只为这个原因而结婚是非审美的，也是不道德的。这似乎是一个难以接受的说法，但却是真实的。只有怀着一种内在的意图结婚，婚姻才可能既是伦理的又是审美的；别的任何意图都会分裂属于一体的东西，因而会使精神性的东西和感官性的东西成为有限的。经常出现的情况是，像这样怀着其他意图来谈论的人可能会赢得女孩的心，尤其是在他真的具有所描述的那些感受时；但这是错误的，她的存在实际上已经改变了，想娶一个女孩的理由不是爱她而是别的什么，这对她来说始终都是一种侮辱。

即使任何“繁殖”的考虑（用你的话来说）本身与婚姻没有关系，然而对没有扰乱自身人际关系的人而言，家庭仍不啻为一种赐福。对一个人来说，尽可能多地拥有另一个人仍然是一件美好的事情，而一个人能够拥有另一个人的最重要的东西就是——生命。然而，一个孩子可以亏欠父亲更多东西，因为他毕竟不是只接受了赤裸的、空白的生命，而是接受了具有确定内容的生命，在他依赖母亲的养育足够久之后，就会依赖父亲，父亲也以自己的血肉养育了他，以一种得之不易的丰富生活经历养育了他。在一个孩子身上有多大的可能性啊！我完全同意你对强加给孩子们的偶像崇拜所具有的那种憎恶，尤其是憎恶那套家族崇拜仪式和孩子们围绕晚餐桌时全家亲吻、全家献媚、全家表达希望的礼节，与此同时，父母们沾沾自喜地为解决了问题而彼此感谢，为完成了的艺术作品而欣喜。是的，我承认这一点——我完全可以像你一样嘲笑这些令人作呕的活动，但我却不让自己因此太受打扰。孩子们属于家庭最深处、最隐秘的生活，人们应当将各种严肃的或畏惧上帝的想法导向这种或明或暗的神秘性。然而，每个孩子的头上都有一个光环，每个父亲也感到在孩子身上有很多不属于他的东西。不错，他谦卑地感到那是一种信任，感到他只是一个继父——就那个词最美好的意义上来说。没有感觉到这一点的父亲，始终都空有作为一个父亲的尊严。

让我们宽恕自己所有这些不合时宜的骚动，“所有与孩子出生有关的屈从和争吵”，但当你像霍尔贝笔下的亨里克[1]那样为不可能之事而发誓时，请不要拿你的轻率言行来烦扰我。孩子究竟是世界上最了不起和最有意义的东西，还是最平淡和最无关紧要的东西——完全取决于人们如何看待他，当我们知道了一个人如何考虑这一点时，就有机会获得对他的深刻洞悉。如果人们想到婴儿居然是一个人类的

1　路德维希·霍尔贝作品《分娩室》中的特勒斯，见《分娩室》，卷 1，第 1 页；《丹麦世相》卷 1—7（哥本哈根：1788），卷 2，无页码（编译）：“我自己必须一年生出五十个这样的孩子，再也没有比这更大的奇迹了。”

雏形，那么，婴儿可能产生一种喜剧性的影响；如果人们想到婴儿哭啼着来到世界上，想到婴儿要花很长时间才能忘却哭啼，想到没有任何人能解释婴儿的这种啼哭，那么，婴儿就可能产生一种悲剧性的影响。因此，孩子可能会产生很多影响，但宗教的观点完全可以同其他观点相结合，而且仍然是最美好的一种。至于你，你肯定喜欢可能性；然而，与孩子有关的考虑肯定不会让你感到愉悦，因为我并不怀疑，你那飘荡着的好奇思想也已经在窥视着这个世界了。自然，这是因为你想掌握住这种可能性。孩子们在黑暗的房间里等待着圣诞树的揭幕,这是一个你乐于置身其中的情景；诚然，孩子是一种完全不同的可能性，你几乎没有任何耐心去承担这样一种严肃的可能性。然而，孩子们却是一种祝福。人们怀着深深的严肃性来思考对自己的孩子来说最好的东西，这是美好的，也是善的；如果他不曾想到，那不只是他具有的一种义务、一种责任，也是一种祝福，如果他不曾想到，天堂里的上帝不会忘记连人们也没有忘记的事情，即把一件礼物放在摇篮里，那么他就未曾把自己的心灵扩展到审美的或宗教的情感中去。人们越能坚持想到孩子们是一种祝福，就越少争斗，就越少怀疑他所保有的这件珍奇之物——那婴孩所拥有的唯一的善，但也是合法拥有的善，因为上帝亲自把他置于那里；这件事就越是美好的，就越是审美的，就越是宗教的。

有时，我也在街上溜达，陷入自己的思绪之中，偶尔也留下了关于当时环境的印象。我看见一个可怜的女人——她在做小买卖，不是在商店里或货摊旁，而是站在露天广场上；她在风雨之中站在那里，怀抱着一个孩子；她本人整洁干净，她的孩子被小心地包裹着。我已经多次看见过她。有个精致的太太走过来，几乎要因为她没有把孩子留在家里——更何况带着孩子对她来说是一种妨碍——而责备她。一个牧师经过同一条街，走近了她，他想在孤儿院里为那孩子找个地方。她有礼貌地谢绝了，但你应当看得出她低头凝视那孩子的样子。如果孩子被冻僵了，她的神情会使他暖和过来；如果他冷得快死了，她的神情会使他的生命复苏；如果他因饥渴而奄奄一息，她神情中的祝福会使他重新获得生机。可是，那孩子睡着了，甚至没有可以用来回报那母亲的微笑。你看，这个女人把孩子视为一种祝福。假如我是一个画家，那么，除了这个女人外，我绝不会描绘任何人。像这样的景象是罕见的，它像一枝罕见的花，只有幸运者才有机会看见它。然而，精神的世界并不处在徒劳挫折的支配之下，[1]如果人们发现了那棵树，那它的花朵一直都在绽放。我常常

1 参见《新约·罗马书》8：20。

看见她，我还把她指给了我妻子看。我没有使自己显得很重要，没有送给她丰厚的礼物，好像我拥有颁发奖赏的神圣的全权委托一样，我谦卑地使自己处于她之下。她确实不需要黄金或者精致的太太，也不需要孤儿院和牧师，不需要可怜的市法庭的法官和他的妻子。她完全不需要任何东西，除了那个孩子有时会以同样的温情去爱她，而她连这一点也不需要！但那是她应该得到的回报，那是上苍不会不给予她的祝福。

你无法否认这是美好的，它甚至会打动你那冷酷无情的内心。因此，为了帮助你懂得孩子是一个祝福，我不会像人们常做的那样，希望借助恐怖故事来恐吓那些没有结婚的人，让他们知道不结婚有多么孤独，没有一群孩子围绕在身边是多么不幸。首先，你很可能不会被吓住，至少不会被我吓住——其实，也不会被整个世界吓住（尽管当你怀着沉重的思绪独自处在黑暗的小屋里时，你无疑也偶尔对自己感到焦虑）。还有，通过让别人担心他们没有美好的东西，来使自己相信自己拥有那美好的东西，这种做法始终都让我感到可疑。多么荒谬可笑啊，对吧。你说出萦绕在你嘴边的那些话，看看那辆荷尔斯泰因马拉着的四座马车，取笑着那马车只到“腓特烈堡”。[1]于是，你坐上你那舒适的维也纳双座马车，从我们身旁驶过了。但我还是奉劝你警惕，在这方面避免经常沉迷于你的嘲讽之中，因为在你的灵魂中，也许悄悄形成了一种理想的渴望，它将使你受到非常严厉的惩罚。

然而，孩子在另一种意义上也是一种祝福，因为我们自己通过他们学到了多得不计其数的东西。我看见过一些骄傲的人们，迄今为止命运未曾使他们变得谦卑，他们怀着这样的自信把他们所爱的女孩从她所属的家庭生活中抢夺出来，仿佛是在说：你有我就足够了；我习惯了向暴风雨挑战——现在一想到你，就会给我多么大的激励啊，现在我有那么多的东西要为之奋斗啊。我看到过那些人成为父亲之后的样子：自己孩子身上的小小事故就能使他们变得谦卑，一点疾病就能使他们骄傲的嘴唇不断祈祷。我看见过那样一些人，他们因为自己在操行上蔑视天堂里的上帝而很骄傲，他们习惯于使每个向上帝忏悔的人成为自己嘲弄的目标。我见过他们成为父亲之后的样子：他们出于对自己孩子的挂念，起用了那些最虔诚的人们。我见过那样一些女孩，她们

1 腓特烈堡是哥本哈根旁边的一个城堡和几个公园的名字。参见《非此即彼》第一部，第339页和第412页，《文集》卷3。

骄傲的目光能使奥林匹斯山[1]颤抖，她们带着虚荣的性情度日，仅仅为了虚饰艳俗。我见过她们成为母亲之后的样子：她们忍受了各种侮辱贬低，几乎在乞求那些她们认为对孩子最好的东西。我想到了某个例子。她是一个非常傲慢的女人。她的孩子生病了，去请城里的一个医生。他因为从前的一件事而拒绝前来。我看见她到他那里去，在他的接待室里等待，为的是恳请他过去。然而，无论这种冲突性的场景是为了表达什么，尽管它很真实，但更有启发意义的，还是那些不那么情绪化的例子——那些例子是有眼去看的人们每天都会看见的。

还有，我们在另一个方面也可以从孩子身上学到很多东西。在每个孩子身上都有某种原初的东西，所有抽象的原理和格言在其面前或多或少都会受挫。人们必须亲自从头开始，往往会经历很多麻烦，付出很多努力。有一句意味深长的中国格言说：养儿方知父母恩。现在所说的就是父亲身上的责任。我们与他人交往，试图向他们传达我们自己认为正确的看法，也许要进行好多次努力；当所有这些努力被证明是徒

1　参见《荷马史诗·伊利亚特》卷 1，第 528—530 页；《荷马的〈伊利亚特〉》，克里斯蒂安·威尔斯特译（哥本哈根：1836），第 15 页；《伊利亚特》卷 1—2，A. T. 默里译（洛布，剑桥：哈佛大学出版社，1924—1925）卷 1，第 43 页："克罗诺斯的儿子发言了，他赞成地扬起了那黑色的眉毛，国王不朽头颅上的芬芳头发飘动着；他使伟大的奥林匹斯山颤抖起来。"

劳时，我们就可以与他们不再有任何联系，洗手不干了。然而，什么时候一个父亲敢于——或者更准确地说，什么时候父亲的心能决定——放弃进一步的努力？重新在孩子身上体验整个生活，只有那样，人们才会理解自己的生活。可是，对你说这些确实是徒劳的；人们除非体验过某些事情，否则绝不可能对之有任何实质性的概念，其中就包括做一个父亲。

最后，通过孩子形成与过去和未来的联系，也是一种美好的方式。即使一个人没有十四代高贵的祖先，也不在乎生育第十五代人，但他面前还是有一种重要得多的亲属关系；真正的乐趣在于，观察这种传承关系如何在家人当中形成了一种特殊的模式。诚然，未婚者也可能沉迷于这样的观察，但他无法受其鼓舞，也会觉得自己没有资格这么做，因为在某种程度上，他自己的介入乃是令人烦扰的。

或者说，人们结婚是为了有一个家。他在家里感到厌烦了，然后去国外旅行，接着又厌烦了，再回到家里，再感到厌烦。为了有一个伙伴，他养了一条特别漂亮的猎犬和一匹纯种母马，但他仍然缺乏某种东西。在饭馆里，有几个兴趣相投的朋友们正在相聚，而他看上去很焦急，徒劳地等待着一个熟人。他得知那个人已经结婚。他温情且伤感地想起了过去那些日子；他感到四周空空如也——在他离开时，没有任何人在等他。那个老管家真是个好脾气的女人，但她完全不懂如何使人高兴起来，不懂得如何使氛围变得舒适一些。于是，他结婚了。邻居们拍手称赞，认为他做了一件很聪明并且很实际的事，此后他加入了谈话，谈论处理家务最重要的方面，最重要的世俗事务：一个可以放心让她独自去市场的好脾气的、可靠的厨娘，一个机灵得可以用来应付一切的手巧女仆。现在，如果这样一个秃顶的老伪君子满足于娶一个夜班护士该多好——但实情通常都不是这样。最好的也不足够好，他最终成功俘获到一个年轻漂亮的女孩，接着她就被锻炼成了这样一个苦力。也许，她从来就没有爱过——多么可怕的不相称啊！

你看，我在等着你说话。可是，你必须承认，存在着各种婚姻，尤其是在那些较为单纯的阶层中，结为婚姻关系的目的就是拥有一个家,那确实很美妙。他们都是一些年轻人。他们没有多少在世间奔忙的经历，他们已经达到了必要的收入水平，开始考虑结婚。这很美妙，而我也明白，你从来就没有想到把你的嘲讽引向这样一些婚姻。某种高贵的单纯赋予他们一种审美的和宗教的色彩。在想到要有一个家时，完全没有任何个人主义的东西；相反，对他们来说，具有一种义务的观念，那是他们承担的一项任务，但对他们来说，也是一项令人愉快的义务。

人们也经常听说已婚的人们要自我安慰，并告诫未婚的人们说：是的，我们确实有一个家，当我们变老时，就有一个安身之地。他们有时会以一种礼拜日特有的教导方式说道：我们的儿孙们有一天会合上我们的双眼，为我们哀悼。未婚者的命运却相反。人们带着某种嫉妒承认，他们在年轻时确实有过一段更好的时光；人们私下希望自己还没有结婚，但婚姻还是及时来到了。未婚者有如《福音书》中提到的那个富人[1]：这样的人们过早用掉了自己的份额。

所有这类婚姻都因这样一种错误而受折磨：把婚姻的某个特点当成婚姻的目的。因此，他们经常觉得受了骗，尤其是前面提到的第一种情况，那时他们不得不承认，婚姻无非意味着获得一个舒适、温暖、适宜的家。然而，现在让我们再次忽略那些错误的东西，以便看一下那些美好和真实的东西。并不是每个人都被给予非常大的施展空间，很多想象自己在为某种伟大事业奋斗的人们迟早都会发现，自己的努力不过是一种错觉。

当然，这不是针对你而言的，因为你那么机智，随即就能识破那种幻象，你的嘲讽足以使它频繁地受到公众的抨击。在这个方面，你采取了一种非凡的顺从，显现出了一种完全的自我克制（Renounce）。你宁可拿自己取乐。你在到

1　参见《新约·路加福音》16：25。

处都是一个受欢迎的客人。你的机智，你待人接物的轻松态度，某种好脾气，以及某种邪恶，都促使人们一看到你就联想到一个快乐的夜晚。你也一直是并且将始终是我家里受欢迎的客人，部分因为我并不十分怕你，部分因为我还没必要开始怕你——我唯一的女儿只有三岁，你还没有开始与那么年轻的女孩进行暧昧的交流。你有时旁敲侧击地责备我越来越脱离世界，我记得你曾和着曲调唱了一句：“告诉我，珍妮特——”[1]当然，如我那次回答你的那样，原因是我有一个家。在这个方面，要理解你，就像要理解所有人一样困难——那是因为，你始终都有别的打算。

如果说到夺走人们的幻想，以便把他们引向某种更真实的东西，那么在这方面，你始终都“听候任何吩咐”。总的来说，你不知疲倦地追踪各种幻想，为的是打碎它们。你的谈吐是那么明智，那么富有经验，以至任何不那么了解你的人都一定会认为你是一个稳重的人。可是，你绝不是那样。

---

1 参见M. E. G. 泰奥龙·德·朗贝尔（F.A. 布瓦尔迪厄作曲），《小红帽》，尼尔斯·托罗普·布鲁恩译（哥本哈根：1819），第1幕，第10场（编译）：

告诉我，珍妮特，
我们在草地上为什么长久想念你
你常常与我们一道去那里
还有那长笛声悠扬回荡？
现在你逃离了青春的欢乐
去寻找那些隐居的地方。
告诉我，为什么。

你在破坏了幻想之后就止步了，而在你所能想到的所有方向这么做的时候，实际上也为自己开创了一种新幻想——认为一个人可以止步于此的幻想。是的，我的朋友，你生活在一种幻想之中，你没有取得任何成就。

我在这里用的那个词始终对你具有这样一种奇怪的效果。取得成就——“谁能取得什么成就？这正是最危险的幻想之一。我根本就不让自己在这尘世上忙忙碌碌，我尽最大可能给自己找乐子。尤其是找那些相信自己要取得某种成就的人的乐子：一个人竟会相信自己要取得某种成就，这不是难以言喻地可笑吗？我拒绝为自己的生活加上这种浮夸的负担。”

每当你谈到这一点时，你都会让我产生一种非常讨厌的感觉。它使我感到烦扰，因为其中暗含着一种傲慢的谎言，但凭着你的精湛技巧，它总会取得成功，至少总会使你赢得笑声。[1]我记得有一个场合，在听一个被你的言辞激怒的人所说的话时，你听了很久却一句话都没有回答，只是用你那嘲弄的微笑去挑衅他，最后，你为了使在场的人高兴才回答说：是的，如果你把这番话加进你所取得的其他所有成就中去，那么，我们至少就不可能因为你相信自己确实在普

1　参见《非此即彼》第一部，第43页，《文集》卷3。

遍和特殊两方面都取得过什么成就而责怪你了。你说话的方式使我感到痛苦，因为我对你有点怜悯。[1]如果你不约束自己，那你就会毁灭掉被赋予的丰富天性。这就是你很危险的原因。这就是你的俏皮话和冷漠具有一种效力的原因——我在其他很多尝试过表露不满的人们身上都没有见到过这种效力。事实上，不应把你跟他们归为一类；他们是你讽刺的对象，因为你走得远得多。“你很幸福，很满足，你面带微笑，你按时髦的角度戴着帽子，你没有使自己过分为生活的悲哀而劳累，迄今为止，你还没有成为任何三重悲伤社的成员。”然而，正因如此，你的评论对年轻人来说十分危险，因为他们一定会被你在这世界上已经赢得的一切的优势所打动。现在，我不会告诉你说，一个人在生活中必须有所成就，但我要问，在你的生活中是否有某些被你罩上了无法穿透的面纱的特殊事情？它们是否属于你想成就的那类事情，虽然因为它们是那么微不足道，你的那种压抑情绪在痛苦中呻吟着。而这与你的外在表现得如此不同！你对自己无所成就难道没有一种深刻的悲哀吗？我至少知道一些情况：你无意中就此说过几句话，它们并非没有引起注意。毫无疑问，你愿意尽一切努力要在某些事上取得成就。我不知道，

1　有关更多内容，参见《增补》，第374页（《论文》卷3-B，第41页，第16行）。

你未能实现它们是不是由于自己的错误，为了能够实现它们是不是必须粉碎你的傲慢，我也不会进一步打扰你了，但你为什么仍然要维持与所有那些恶棍——他们确实很迷恋你每次都会取得成功的能力——的伙伴关系呢？

如我以前说过的，人们经常觉得自己在世界上取得的成就很小。我并不是沮丧地这么说。对此我确实没有任何事情要责备自己，我认为自己处理公务时认真并且快乐；我从来就不可能卷入任何与我无关的、希望取得更大成就的事情中去。但是，这仍然是一种受到很大限制的活动，只有那些有信仰的人才能确信自己将会取得某种成就。然而与此同时我有了自己的家。在这个方面，我经常想到《德训篇》里的那些美好词句，我也要请你深思一下它们："获得贤能妻子的，就是获得了最好的产业，即一个与自己相称的助手，和扶持自己的柱石。那里没有垣墙，财产必被抢掠；那里没有妻子，人就要漂泊嗟叹。谁能相信一个武装起来，从一城窜入另一城的强盗呢？同样，谁也不相信一个没有家室，一到晚上便到处寻找居所的人。"[1]

我结婚不是为了有一个家，但我有一个家，这是一种巨大的祝福。我不是——我相信你不至于那么称呼我——一

---

1 《旧约·德训篇》36：24—26。（中译文引自天主教思高本《旧约·德训篇》36：26—28。——编者注）

个傻瓜丈夫，我不是在“英国女王有一个丈夫”的意义上是我妻子的丈夫。我的妻子不是亚伯拉罕家里的使女，我不会把她和她的孩子赶出去，[1]但她也不是我要欢欣雀跃地以芭蕾舞步（Entrechats）来围着她转的女神。我有一个家，这个家对我来说肯定不是一切；但我确实知道这一点，即对我妻子来说，我是她的一切，部分因为她以全部的谦卑相信这一点，部分因为我自己知道我一直是，且仍将是她的一切——只要一个人对另一个人来说能够意味着一切。在这方面，我能够启发你注意到，一个人身上的美可能对另一个人来说就是一切，无须通过任何有限的或特殊的事物来提示这一点。在这个问题上我可以更加大胆地提出来，因为她肯定不是完全依附于我的。她并非需要我，我所娶的那个人并不是我要对她行善的可怜女孩。她并不是一个被感动了的傻瓜，我娶她不是为了别的原因，我也不是凭自己的智慧从她身上发掘出了某种好的东西。她很独立,更加使人满意的是，她不需要使自己为他人所接受；她头脑清醒，比我更清醒，甚至更加热情。当然,她的生活可能从来不像我的那么活跃，或者不像我的那么具有反思性；我也许能凭自己的经验把她从很多错误中拯救出来，但她的清醒却使这成了多余的。

1 参见《旧约·创世记》21：10；《新约·加拉太书》4：30。

真的，她什么都不欠我，然而，我对她来说就是一切。她并不需要我，但我并不因此而无足轻重。我像尼希米那样守护着她，把武器带在身边安然入睡[1]——我再重复一遍这句我在相似的情况下不经意地说出来的话，以此向你表明我没有忘记你那嘲讽的评论，你说过，它对我妻子来说肯定是一种尴尬的事情（gêne）。我的年轻朋友，这些评论没有烦扰我，我向你保证，因为你从这一事实可以看出，我在重复它时，没有任何气恼。因此，我完全无足轻重，然而，对她来说却是一切。你对很多人来说就是一切，然而从根本上，你对他们来说却又什么都不是。不妨想象一下，在你与人们的短暂交往中，你能够为某些人提供这样一种有趣的财富，能够极大地激发起他们身上足以令其享用终生的创造性，那毕竟是某种不大可能的东西。但就算他们通过你确实获得了那种东西——而至于你自己，你还是失败的，因为你仍然没有找到任何让你可以成为对方的一切的那种人，即使这让你显得有些了不起，但这种了不起实在是非常令人痛苦的，以至我要祷求上帝让我避免它。

为了使自己抛弃每一种不健全的和可鄙的有关“舒适”的观念，人们必须首先将如下观念与家联系起来：这是一项

1　参见《旧约·尼希米记》4：16—18，23。

任务。甚至在丈夫的享乐之中也应当有任务的这样一种要素存在，[1] 哪怕这一点没有在一项特定的、外在的、明确的任务中显示出来。在这个方面，丈夫可以非常主动，虽然他没有表现出来，而妻子所承担的家庭活动则是更加明显的。

但是接下来，与家的观念有联系的还有一些具体的细节，很难一般地就它们说些什么。在这个方面，每个家庭都有自己的独特性，了解那些独特性非常有趣。然而实际上，每种这样的独特性都渗透着某种心境，而我，比如说，很反感家庭中所有这些凸显"分离主义"的可恶行径，它们有意从一开始就要表明这些家庭中的一切多么特立独行，有时竟然到了在某些家庭说自己的私人语言的地步，或者用那样一些秘密的暗示来言说，让别人一点都摸不着头脑。问题在于，家庭确实拥有这样的独特性——技巧是要懂得如何把独特性隐藏起来。

那些为了有一个家而结婚的人们总是辩解说，没有任何人在等他们，没有任何人欢迎他们等等。这恰好表明，只有当他们想到出门在外时，他们才实际上拥有一个家。感谢上帝，我从不需要为了记住或忘记我有一个家而出门。当我一点都没有指望着这种感觉时，我倒经常会突然觉得我有一个

---

1 例如，可参见 J. G. 费希特，《自然法权基础》，《约翰·戈特利布·费希特著作全集》卷 1—11（柏林：1834—1846），卷 3，第 313—315 页和第 327—328 页。

家。我不需要走进客厅或饭厅里去证实自己的感觉。当我独自静坐在书房里时，我经常可能产生那种感觉。那种感觉往往出现在这种时候：我房间的门打开了，过了一会儿我看见一张活泼的脸出现在门边，窗帘又拉上了；然后是非常轻柔的敲门声，接着一个脑袋就那样伸进门来，简直让人觉得那个脑袋不属于任何身体；然后，她一刹那间就站在了我身旁，接着又消失了。当我独自静坐时，这种家的感觉会在深夜向我袭来，就像过去我坐在学校的房间里感受到的那样，然后，我可能点上灯，踮着脚轻轻走进她的卧室，去看她是否真的睡着了。当然，在我回家时，这种感觉经常也会向我袭来。当我按响门铃时，她知道那正是我通常回家的时候（我们这些可怜的公务员就是这样一点不占优势，甚至都无法使我们的妻子感到惊喜），她分辨得出我通常摇门铃的方式——然后，我听见孩子们在里面的吵闹声，其中也有她的声音，因为她是那群小孩子的头目，她自己也充满孩子气，似乎要通过快乐的叫喊与孩子们一争高低——这时，我感到了我有一个家。那时，如果我显得很严肃（你关于做一个洞察人性的行家谈了那么多，可是谁能比得上女人更了解人性！），这个热情的孩子会有怎样的变化？她不会变得很绝望，不会感觉很糟，但在她身上有一种力量，它不强硬，反而无比柔韧，像一把能刺穿石头的剑，然而同样能缠在腰间。或者说，如果她能看出我有点烦躁（主啊，这种事情也是有的），她又会变得那么随和，然而，在这种随和中却有着那么多优越感。

在这种场合，无论我还希望对你说些什么，我都宁可使用一种我认为适合于你的特定表达方式，即你本人经常使用的一种表达方式：你在这个世界上是个陌生人和外来者。[1] 那些毫不懂得要为经验付出极高代价的年轻人们，他们也毫不懂得经验难以形容的价值，他们会轻而易举地被吸进同样的漩涡，他们也许会受到你所说的话的影响，就像被一阵清新的风，哄骗到你向他们展现的无尽的大海上。你自己也可能变得充满朝气地欣喜若狂，几乎无法控制，因为想到了这种无限性正是你的要素，这种要素就像汪洋大海一样让一切都不受变动地隐藏在其深渊之中。你早已成了一个富有经验的弄潮儿，你就真的不懂如何识别大海上的灾难和危险吗？

当然，在这汪洋大海上，一个人通常都不怎么了解另一个人。人们没有准备好在深海上艰难航行的巨大轮船。没有，他们准备好的是非常小的船，是只能乘坐一个人的单座艇。人们抓住时机，展开风帆，顺着不安思绪的无限速度前行，独自处在无边的大海上，独自处在无边的苍穹之下。这种生活（生命）很危险，但人们关于失去这生命也想了很多，

1　参见《新约·以弗所书》2：19；《新约·希伯来书》11：13。

因为像这样消逝在那无限之中是一种真正的享受，像这样持续下去就足够了，从而享受那种消逝的过程。航海者们都说，在世界之外的汪洋大海之上，人们看见了一种叫作“飞翔的荷兰人”的船。它可以迅速张开它那小帆，以无限的速度在海面上行驶。这正是你要在生活的海洋上航行的方式。

独自在独木舟上，[1] 自我满足，与任何人都毫无关系，除非他自己希望与人联系。独自在独木舟上，自我满足——但我真的无法理解如何才能填补那种空虚。即便是你，我所熟识的人们当中唯一在某种程度上相信这一点的人，我也知道，你在船上确实还有一个人可以帮助你打发时光。因此，你会说：独自在船里，独自悲愁，独自绝望——一个人竟会懦弱到宁可那样，也不愿承受治疗的痛苦。请让我指出你生活中的黑暗一面——我并不希望使你受到惊吓，我无意扮演妖魔鬼怪，你过于聪明，不会让自己受到这种事情的影响。尽管如此，还是请考虑一下在世界上当一个陌生人或外来者这种处境中所包含的痛苦、悲哀和羞辱。

我不会让自己给你留下混乱的印象，不会使你不愉快地想到家族往来所带来的混乱，或是你所憎恶的牲口棚气息。可是，想一想家庭生活的美好吧，它像那样建立在深厚而亲

1 参见《书信》第 54 和第 103 封信，《文集》卷 25；《日记与论文》，第 5403 页（《论文》卷 2-A，第 250 页）。

密的共同体之上，而把这一切结合在一起的力量依然神秘地隐藏着，一种关系与另一种关系巧妙地交织在一起，因而只具有一种协调一致的亲密；想一想那个家庭隐秘的内心生活吧，它隐藏在一种美好的外在形式之中，在任何地方都不会碰到关节式的生硬——现在思索一下你与这样一种家庭的关系吧。像那样的家庭对你尤其具有吸引力，你也许会乐于经常拜访他们，因为你的随和似乎很快就能让你与他们亲密相处。我说“似乎”是由于你显然不可能真正实现那样的相处方式，因为你始终都只是一个陌生人和外来者。他们把你视为一个受欢迎的客人，也许会非常友好地尽一切努力来使你感到愉快；家庭成员会殷勤地对待你——确实，他们对待你就像人们对待一个自己喜欢的孩子那样。而你——你会在殷勤之中不知疲倦，会富有创意地以各种方式使整个家庭感到愉悦。那将非常美好，不是吗？大概在某个奇妙的时刻，你也有可能会说，你确实不在意看见那家人穿着晨衣，或者看见女儿穿着浴室里的拖鞋，或者看见妻子没有戴帽子，然而，如果你看得更仔细一些的话，那么，在那家人对待你的恰当举动之中就有一种对你的巨大羞辱。每一个家庭都必须像这样表现，而你会成为那个被羞辱的人。或者说，难道你不相信家庭隐藏了一种属于他们自己的、完全不同的生活，而那才是它的圣殿？难道你不相信每个家庭仍然有着家神，即使他们没有将其置于前厅？我确实认为你无法忍受看见你的妻子——如果你要结婚的话——衣着随便，除非那种装束旨在取悦你，对此，你的评论难道不也掩藏着一种过于讲究的弱点吗？你无疑认为，你为取悦那家人做过很大努力，为它增添了某种审美的光辉，但设想一下，也可能那家人认为这些努力，与他们自己所拥有的内心生活相比简直微不足道。因而，在你和每个家庭的关系上，情况都可能会如此，无论你有多么骄傲，其中都包含着一种羞辱。

没有任何人与你分担他的悲痛，没有任何人信任你。你无疑认为，你确实获得了丰富的心理上的观察，然而，这经常都是一种幻觉，因为人们非常愿意与你随意聊天，淡淡地触及或不经意地表露出一点关心，因为由此在你身上激起的那种令人感兴趣的东西安抚了他们的痛苦，在那令人感兴趣的东西之中早已具有一种魅力，使人渴望这种药方，即使他们不需要它。如果有人恰恰由于你的孤立地位而与你打交道（如你所知，人们宁可同一个托钵僧交谈，也不愿同自己的忏悔神父交谈），那么，这仍然没有任何真实的意义，对你和对他都没有任何意义：对他来说，这是因为他感到在对你的信任中暗含着一种任意性；对你来说，这是因为你无法完全忽视你的能力所依赖的那种模棱两可的状态。你无疑是个出色的手术医师，你懂得如何穿过悲哀和忧虑最隐秘的围栏，然而，你在这么做时并没有忘记退路。现在，我想你成功地医治好了你的病人，但你却没有从中获得真正的、深深的快乐，因为整个事情具有一种任意随性的气氛，而你没有负任何责任。

只有责任才会带来祝福和真正的快乐，这在无法像你一样能干的人身上同样适用；当他什么都不做时，它也经常带来祝福。[1]然而，当人们有了一个家之时，他们因此就有了责任，这种责任本身会带来安全和快乐。正因为你不想承担责任，所以，你一定要彻底找到它，为了让人们不领你的情——以此你能够经常抱怨这些事情。不过，你所做的事情与疾病的治疗毫无关系，如我以前告诉你的那样，一般来说，你主要忙于考虑破坏各种幻想，以及偶尔诱使人们进入幻想。当你与一两个年轻男孩在一起时，你以几个动作就能帮助他们极大地脱离所有那些幼稚的，但在很多方面都有益的幻想，他们那时变得比现实更加轻松，他们的翅膀突然张开，而你自己则像一只老练的鸟，告诉他们如何拍打翅膀，如何飞越一切存在。或者，你对年轻女孩们进行同样的训练，比较两者在飞行方面的差异。人们会听见男性飞行时拍打翅膀的声音，而女性的飞行则像梦幻般的划船一样——你认

1 有关更多内容，参见《增补》，第 374—375 页（《论文》卷 3-B，第 41 页，第 18 行）。

为，当人们看见这些时，他们可以因为你的技巧而对你很愤怒，然而，他们却不应该因为你那恶意的不负责任而对你生气。你肯定可以借那首古老的歌来说出你的心声：

Mein Herz ist wie ein Taubenhaus:
Die Eine fliegt herein, die Andre fliegt heraus
我的心像一只鸽舍：
一只飞进去，另一只飞出来[1]

但是，就你而言，人们看见的飞进去的鸽子不如飞出去的多。但是，一只鸽舍，无论它多么美好地象征着一个宁静的家，实际上都不能照这样来使用它。

让生活就这样过去，在其中找不到任何可靠的东西，那不是很痛苦、很悲哀吗？我的年轻朋友，对你来说，生活从未获得任何内容，这不是很悲哀吗？当人渐渐变老时，在对它的感受中有着某种令人悲哀的东西，如果人不能成长，那么，他所感到的悲哀要深刻得多。在这个时刻，我感到自己把你叫作“我的年轻朋友”是多么恰当。七岁的差距肯定不是永恒，我不会夸耀说我在理解的成熟度上超过了你，

1　延斯·伊曼努尔·巴格森，《磨刀人史诗》，《德语诗作集》卷 1—5（莱比锡：1836），卷 2，第 228 页。

但我定要为自己拥有生命的成熟而夸口。是的，我感到自己确实已经变老了，而你却依然紧紧地抓着青春最初的惊奇不放手。如果我有时对这个世界感到厌倦，哪怕这种时候很少，但那种感觉也伴随着一种宁静的崇高——我想到了那些美妙的词句：息了他们劳苦的人有福了。[1] 我没有欺骗自己，没有以为我在生活中已经有了一项巨大的任务，没有拒绝指派给我的东西。哪怕它毫无意义，我的任务也是要在其中获得快乐，尽管我的任务也毫无意义。你肯定不会在劳作之后休息（安歇），因为休息对你来说就是一种诅咒——你只可能生活在不安之中。休息是你的对立面，休息使你变得更加不安。你像一个快要饿死的人，进食只会使你更加饥饿，你像一个口渴的人，喝水只会使你更加口渴。

然而，我要返回到先前的讨论，返回到人们结婚的有限目的。我只提到了三个目的，因为它们看起来始终都有某种关联，因为它们确实都反映了婚姻中的某种特定要素，虽然它们在自身的片面性中变得荒谬可笑，并且是非审美的、非宗教的。我没有提到各种完全次要的目的，因为它们甚至连可笑都算不上。例如，为金钱而结婚，出于嫉妒而结婚，为了前途而结婚，或者是因为预见到她很快就要死——或

1 参见《新约・启示录》14：13。

者她会活得很久，但将成为很受恩惠的一个继承人——而结婚，这样，人们通过她就可以把去世的叔父姨妈的所有财产全部装进自己的腰包。我不想提及所有这些事情。

作为这种探讨的结果，我可以在这里强调说，为了是审美的、宗教的，婚姻一定没有任何有限的“为什么”，这正是此前初恋中的审美之物，因此，婚姻在这里再次与初恋处在了一个层面上（au niveau）。而这就是婚姻中的审美之物——它本身隐藏在众多的“为什么”之中，而生活会以其全部祝福将这些“为什么”展露出来。

但是，既然我主要想表明婚姻的审美效力，既然婚姻有别于初恋之处就在于伦理和宗教方面，既然这两个方面也要寻求自身特定的表达方式，而且它们将婚礼视为这种最好的表达方式，那么，我将详细讨论这个主题——以免显得我对这问题的论述太草率，以免显得我似乎要隐瞒初恋与婚姻之间的分裂，那是你和其他很多人出于不同的理由而提出的问题。你说如果一群人都不反对这种分裂，原因在于他们缺乏精力和教养去反思这两者中的任意一个，你可能是正确的。与此同时，让我们更加仔细地考察一下婚礼及其规定。也许，你会发现，我对自己要说的话也有充分的准备，我可以在不惹恼我妻子的前提下向你保证这一点，因为她极为赞成我远离像你和你的同类那样的强盗。此外，我认为，正像一个基督徒始终都应该能解释自己的信仰一样，[1]一个已婚的人也应该能解释自己的婚姻，不仅要向一切不屑于此的人解释，也要向一切认为值得这么做的人解释，或者说，在这种情况下（in casu），即使他们认为不值得，这么做也将是有利的。既然你近来已经破坏了其他很多图景，现在想要践踏婚姻这个领域，我感到有责任向你挑战。

你很熟悉有关婚礼的书籍，我想，你实际上进行过研究。大体而言，你总是做好了进行战斗的准备，在你对一件事情达到其最久经考验的防御者对它的了解程度之前，你一般都不会发起进攻。如你自己所悲叹的那样，这正是有时你的进攻太过有效的原因所在，那些应当进行防御的人竟不如你这个攻击者了解得更多。现在我们就来看看吧。

然而，在讨论具体问题之前，让我们看看在婚礼本身只被当作一场典礼时，是否有什么令人不安的情况。毕竟，婚礼并不是恋人们自己在某个华丽时刻想出来的东西，也不是他们想到别的东西时可以抛弃的某种东西。因此，它是我们遭遇到的一种权力。可是，爱情需要承认除它本身之外的什么权力吗？你也许愿意承认，一旦怀疑和忧虑教会了人们祈祷，那么，他们就会容忍自己屈从于这样一种权力，但初恋

1　参见《新约·彼得前书》3：15。

并不需要这样。请记住，我们已经假定，所考虑的个体是深受宗教影响的人。因此，我不是在讨论宗教之物怎么可能在一个人身上取得成功，而是在讨论宗教之物怎么可能与初恋共存，正如不幸的爱情可以使人信教一样，正如信教的个体肯定能够去爱一样。就人性来说，宗教之物并不是那么异己的，以至必须首先有一个破裂来唤醒它。然而，如果他们是信教的，那么，他们在婚礼上遇到的那种权力就不是异己的，正如他们的爱情把他们凝结为一个更高的整体一样，因而宗教之物也把他们提升为一个更高的整体。

那么，婚礼到底有什么作用？首先，它使人对人类的起源有全面的了解，由此把这个新的婚姻融入人类物种的庞大整体中。因此婚礼提供了普遍之物，提供了纯粹的人性之物，并将在意识中唤起它的存在。这使你感到不快，你也许会说：在一个人那么亲密地与另一个人结合在一起，以至其他一切都消失的时刻，在这样一个时刻想到“那是一个古老的故事”（es ist eine alte Geschichte），[1]想到那是一个已经发生过了、正在发生，且还将要发生的事情，这真是令人反感。你希望是你爱情中的独特之处使人振奋，你想让你身上爱的全

1 海因里希·海涅，《少年爱上了一个女孩》，载《抒情间奏曲》，39，《歌集》，《全集》卷1—12（莱比锡：1839），卷1，第39页。参见《日记与论文》卷2，第1626页（《论文》卷1-A，第208页）。

部激情燃烧起来，你不想受到每个汤姆、迪克和哈里都在做同样的事情这个念头的打扰。“使人想到他在统计学上的意义是极为没有诗意的：在 1750 年，十点钟，约翰 · 多伊先生和拘谨的简 · 多伊小姐结婚，在同一天的十一点钟，另一对约翰·多伊先生和简·多伊小姐。”现在这听起来相当可怕，但隐藏在你论点中的是一种已经妨碍到初恋的反思。

如前所述，爱情是普遍与特殊的结合，但想要享受特殊——在你所做的那种意义上——这种想法透露出一种把特殊置于普遍之外的反思。普遍与特殊越是相互渗透，爱情就越美。伟大不在于成为直接意义上或更高意义上的特殊，而在于寓普遍于特殊之中。因此，使人明白普遍不可能成为妨碍初恋的向导。婚礼也不止于此，为了指涉普遍之物，它把恋人们引回到最初的父母那里。所以，它没有抽象地（in abstracto）止步于普遍之物，而是表明它在人类最初的伴侣中已经显现。这就是每一桩婚姻之本质的线索。像人类的每一种生活一样，每一桩婚姻都既是这种特殊，也是整体，既是个体，同时也是象征。所以，它为恋人们描绘了两个人最美的图画，他们没有受到对他人的反思的打扰。婚姻对那两个个体说：你们就像他们一样也是一对，同样的事情正在你们身上重现，你们也正独自伫立在无限的世界上，独自位于上帝面前。因此，你看到婚礼确实提供了你所要求的东西，但它在提供普遍和特殊的同时，也提供了更多的东西。

“但是，婚礼宣称罪已经进入了尘世，在人们感到最纯洁的那个时刻如此突出地使人想到罪，这肯定是不协调的。它由此告诉我们，罪随着婚姻一道进入了尘世，这对那些结婚的人来说很难成为一种鼓励。当然，教会可以洗手不干，不再管任何最终使人痛苦的后果，因为它并没有使他们沉迷于任何虚幻的希望之中。”教会没有使人沉迷于一种虚幻的希望之中，这就其本身而言肯定应当被视为某种好事。此外，教会宣称罪与婚姻一道进入了尘世，然而却允许了这样的婚姻；教会宣称罪与婚姻一同到来，但这是否说明了罪是因为婚姻而到来的，这仍然是有疑问的。无论如何，它所宣布的只是，罪是人的普遍命运，而并没有专门把它用于某个单一的个体，它最不可能说：你现在正要犯罪。诚然，要解释罪在哪种意义上与婚姻一道出现，是非常困难的事情；在这方面，罪与感官性的东西也许可以被视为同一的。但是，那肯定不可能是事实，因为教会允许结婚。[1] 是的，你会说：但那要等到把所有的美从尘世之爱中去掉以后。我对此会回答说：绝不是这样的，至少在婚礼中没有一个字与此有关。

教会接着宣明了对罪的惩罚，女人要经受生孩子的痛苦，

---

1 例如，可参见《讽刺》，《文集》卷 2。

要顺从她的丈夫。但是，这些后果首要的是具有这样一种性质：即使教会没有宣明它，这痛苦也会自己宣明出来。确实是这样，你回答说，但有关它的麻烦事情在于，它被称为罪的结果。你发现，孩子在痛苦中诞生，这在审美上应当是美好的；它表明了对人类的关注，它成了一个象征性的标志，表明人类来到尘世确实具有意义，和动物不同，动物在层次上越低，就越容易把年轻一代带入尘世。在这方面，我必须再次强调，它被宣称为人类的普遍命运，在罪中出生的孩子是其最高价值的最深刻表现，那正是人类生活的升华，使得与此有关的一切都属于罪的范畴。[1]

然后，教会说：女人要顺从自己的丈夫。这时，你也许会说：不错，这很好，看见属于丈夫的女人爱自己的主人，这始终都对我有吸引力。但使你震惊的是，这居然被当作罪的后果，而你感到需要站出来成为女人的骑士。我无法确定你是否会由此为她们服务，但我确实相信，你还没有把握住女人最为内在的实质，其中的部分原因在于，女人比男人更完美，同时又不如男人完美。如果我们希望刻画出最纯粹和最完美的特征的话，那么，我们就说“一个女人”；如果我们希望刻画出最软弱和最脆弱的特征，那么，我们就

1 有关本段的更多讨论，可参见《增补》，第 375 页（《论文》卷 3-B，第 41 页，第 19 行）。

说“一个女人”；如果我们要传达一种高于感官之美的精神性的概念，那么，我们就说“一个女人”；如果我们要传达一种感官之美的概念，我们就说“一个女人”；如果我们希望刻画出至为高尚、至为伟大的“无辜”之特征，那么，我们就说“一个女人”；如果我们希望刻画出罪过的压抑感的特征，那么，我们就说“一个女人”。因此，在某种意义上，女人比男人更加完美，《圣经》对此的表达是，她拥有更多的罪过。[1]如果你再回想起，教会仅仅宣称了女人的普遍命运，那么，我看不出有什么令初恋感到不安的东西，尽管人们普遍认为其中有些令那反思——那种不知道如何使她保持这一可能性的反思——感到不安的东西。此外，教会肯定没有使女人仅仅成为奴仆；它说：上帝说，我要为亚当造一个伴侣，[2]这种表达法不仅有其真理，而且具有审美上的温情。这就是教会这么教导的原因：因此，男人要离开父母，要依恋自己的妻子。[3]我们却希望把它理解为：女人要离开父母，要依恋她的丈夫——因为女人毕竟比男人软弱。《圣经》的说法含蓄地承认了女人的意义，没有哪位骑士能做出

---

1 参见《新约・提摩太前书》2：14。（该句中“罪”的原文为 παράβασις，常译为“过犯”［transgression］、“罪过”［guilt］，不同于“罪”［sin］，故正文中译为“罪过”。——编者注）

2 参见《旧约・创世记》2：18。

3 参见《旧约・创世记》2：24。（中文引用有改动。——编者注）

比这更有骑士精神的事情了。[1]

最终，对男人命运的诅咒，在于他必汗流满面才得糊口，这一诅咒肯定要追着他，用一句话来说，将其逐出初恋的蜜月期。[2] 正如我们常常发现的那样，这种诅咒，像神的所有诅咒一样，隐藏着一种祝福；而这说明不了什么，因为对这一祝福的体验始终都是为未来保留着的。不过，我的确想提醒你，初恋并不是懦弱，它并不惧怕危险，它也不会由于上述的原因而在这种诅咒中看到能恐吓住它的困难。

那么，婚礼有什么用呢?“它使恋人们停止下来。”不，完全不是——但它使已经运动起来的事物在外部世界中显现出来。它证实了普遍人性的东西，在这种意义上也证实了罪；但是，所有那些焦虑和痛苦，那些希望罪从来不曾进入尘世的焦虑和痛苦，都是以初恋所不懂得的反思为基础的。[3] 希望罪从来不曾进入尘世，就是要把人类引回到更加不完美的状态。罪已经进来了，但当个体使自己变得谦卑，伏于这罪之下时，他们就比以前站得更高。

---

1 有关本段的更多讨论，参见《增补》，第 375 页（《论文》卷 3-B，第 41 页，第 20 行）。

2 丹麦文 Hvedebrøds-Dage（字面意思是“吃小麦面包的日子”），指在婚礼的蜜月期，新婚夫妇要吃更为昂贵的小麦面包，而不吃平时的黑麦面包。

3 有关本段的更多讨论，参见《增补》，第 375 页（《论文》卷 3-B，第 41 页，第 21 行）。

于是，教会转向了单一的个体，向他提出了一些问题。这又可能引起反思："为什么要问这些问题？爱情本身就有它自己的保证。"然而，教会提出这些问题的目的毕竟不是为了动摇，而是为了巩固——让早已得到肯定的东西自我表达。因而，在此，这个问题中出现的困难在于，教会似乎完全不重视情欲。它问道：你们问过上帝和自己的良心吗，问过朋友和熟人吗？我在这里并不会去强调教会在极其严肃地追问这种问题时的巨大益处。教会——用你自己的一句话说——不是媒人。那么，这会烦扰那些相关的人吗？在他们的感激之中，他们确实已经把自己的爱献给了上帝，并以这种方式与他商讨，因为我在感谢上帝时，虽然是间接的，但我的确是在同他进行商讨。因此，教会没有追问他们彼此是否相爱，那绝不是因为它想废除世俗的爱情，而是因为它预设了世俗的爱情为前提条件。

然后，教会主持了婚誓。我们在前面已经看到，爱情如何可敬地让自身被带进了一种更高的同心性。其意图是要使个体变得自由，但是，如已经解释过的，个体越自由，婚姻在审美上就越美好。

因此，我相信，这一点已经显而易见：就人们追寻初恋在当下、在其直接的无限性中的审美而言，婚姻必然被当作对初恋的升华，甚至比初恋更加美好。我相信，这一点在我从前所写的文字中已经得到了澄清，我也相信，我们在我刚写下的文字中已经看到了这一点：所有那些轻蔑教会的各种谈论是没有根据的，只有那些反感宗教的人才会去支持那种言论。

然而，如果情形如所描述的那样，那么，其他问题就可以随之解答了。那个问题就是：这种爱情能够实现吗？你在承认了上述一切之后也许会说：是的，要实现初恋，就像实现婚姻一样困难。对此我必须回答说：不，因为在婚姻中有一种运动法则。初恋是一种非现实的自在（an-sich），它无法获得内在的实质，因为它只在一种外在媒介中运动。在伦理的和宗教的意向之中，婚姻之爱具有一种内在历史的可能性，它不同于初恋，正如历史性的东西不同于非历史性的东西。这种爱情是强大的，比整个世界都更强大，但它在产生怀疑之时，就会被彻底消灭；它像一个梦游者，能够十分安全地走过最危险的地方，但当有人叫他的名字时，就会突然跌倒。婚姻之爱是有防护的，因为其意向中，不仅有针对周围世界的关注，而且也有针对它自身、针对内心世界的意志。

现在，我把一切都倒转过来，并且说：审美之物并不在直接的东西之中，而在所获之物中；但婚姻恰恰就是包含了中介的直接性，就是包含了有限的无限，就是包含了暂存的永恒。因此，婚姻成为了一种双重意义上的理想，即在古典的意义上和浪漫的意义上都是如此。[1]当我说审美存在于所获之物中，这绝不意味着它只存在于单纯的“争取”这一行为本身之中。这确实是否定性的，但单纯的否定性绝不是审美的。然而，当它是一种在其自身之中具有内容的争取时，是一种在其自身之中具有胜利的斗争时，那么，我在这种两重性之中就具有了审美性的东西。

我认为，应当在心里记住与此有关的绝望所具有的狂热，我们的时代带着这种狂热，聆听那对作为直接之物的对立面的所获之物的称颂，并且似乎正是依靠这一点去彻底破坏一切事物，从而建立全新的东西。确实使我不安的是，听

---

1 例如，可参见黑格尔《美学讲演录》卷 2，《作品集》卷 10，第 137—141 页；J. A. 卷 13，第 137—141 页；《艺术哲学》卷 2，第 297—301 页（中译文引自《美学》，朱光潜译［北京：2018］，第 592 页）：

> 浪漫型艺术在把绝对的主体性表现为全部真实之中，既然用精神与它的本质的统一，心灵的安定，神与世界的和解因而也是神与他自己的和解，作为它的实体性的内容，理想在浪漫型阶段似乎初次完全自由自在地安居在它自己出生的家乡里了。事实上我们原已把幸福和独立自足性、安定、静穆和自由定作理想的基本定性了，我们当然不应把理想排除到浪漫型艺术的概念和实际存在之外，但是比起古典型的理想，浪漫型的理想却具有完全不同的形状。上文已约略指出过这种情况，我们现在却要从头起就把它的具体意义弄明确，以便把浪漫型艺术表现绝对的方式的基本类型弄清楚。在古典型的理想里，神性的东西一方面被纳入个性的框子里；另一方面每一个神的灵魂和幸福完全透过他的肉体形象而流露出来；此外古典型的理想还有第三个特点，那就是它所依据的原则既然是个体与它自身和与它的外在形式之间都须具有不可分割的统一，所以否定或消极的因素例如分裂、肉体的和精神的痛苦、牺牲和忍让（或抛舍）都不能作为重要的因素而出现。

见年轻人像法国大革命中的恐怖分子那样带着欢呼声大喊：怀疑一切（de omnibus dubitandum）。[1] 也许我有偏见。不过，我确实认为，我们必须区分个人的怀疑和科学的怀疑。[2] 个人的怀疑总是一个特殊问题，我们听到过太多这种破坏的狂热，它充其量是一大群人去冒险却没有怀疑之力量[3] 的结果，他们屈服了或者变得犹豫不决，这同样也是某种破坏。然而，如果在怀疑中搏斗的个体形成了能战胜怀疑的力量，那么，这种见解就是令人振奋的，因为它展现了个人的品质，但这确实不是美，因为美要求具有直接性。经由怀疑，在最高层次上产生的这样一种发展历程，夸张地说来，便是旨在使人变成完全不同的人。相反，美存在于这一过程之中，即在怀疑中并借助怀疑获得直接性。我必须强调这一点，以对抗那种对怀疑加以肯定的抽象观念；人们已经由此沉迷于偶像崇拜之中，他们不顾一切地投入偶像崇拜之中，带着盲目的信任，希望从中产生出辉煌的结果——这些也都是我反对的。

因而，希望获得的东西越是精神性的，怀疑就越有可能

---

1 例如，可参见《约翰尼斯·克里马库斯或怀疑一切》，第 130—132 页，《文集》卷 7（《论文》卷 4-B，第 114—116 页）。

2 有关本节的更多讨论，参见《增补》，第 376 页（《论文》卷 3-B，第 41 页，第 22 行）。

3 有关本句的更多讨论，参见《增补》，第 376 页（《论文》卷 3-B，第 41 页，第 23 行）。

得到称赞；但爱情始终都属于这样一个领域，在此，所获之物、所给定之物，以及所获的给定之物，都无关紧要。我完全无法想象这是怎样的一种怀疑。难道对已婚男人来说，正确的模式就是要具有一些悲哀的经历，从而学会怀疑吗？如果他凭借这种怀疑以及道德上的严肃性结婚，并成为一个忠实和坚贞的丈夫，由此而来的婚姻真的就很美好吗？我们会称赞他，但不会赞扬他的婚姻，只是把它当成一个人能够做些什么的例子而已。或者说,为了成为一个彻底的怀疑者，难道他也应当怀疑她的爱，怀疑维持这种关系之美的可能性，同时仍然要对欲求的东西保持一种斯多葛主义式的淡泊态度吗？我很了解这一点；你们这些虚假的教师非常愿意赞扬这样的事情，恰恰是为了你们虚假的教诲能更轻易地赢得支持者。当它对你们的目的有用时，你们就称赞它说：看吧，这就是真正的婚姻。可是，你非常清楚，这种称赞掩盖了一种批评，尤其是在这方面没有考虑到女性，你正是以这种方式尽一切可能去引诱她。因此，你借那古老的法则来划分和隔离：分而治之（divide et impera）。[1] 你颂扬初恋。当你这么做时，初恋就成了一种处于时间之外的要素，成了可以就它说出任何谎言的某种神秘东西。婚姻不可能像这样

1 法国国王路易十一（1423—1483）的政治格言，源于马其顿国王腓力二世（前382—前336）。

隐藏自身，它需要日积月累才会开花结果——很容易有机会用不忠实的观察去诋毁或证明这一点，以至需要用一种绝望的顺从去忍受婚姻。

这就是在我们之间建立起来的看法：作为一个要素来看，婚姻之爱（Kjærlighed）不仅像初恋一样美好，甚至更加美好，因为它在自己的直接性中包含了一个多种矛盾之统一。因而，所谓婚姻是极为受人尊重却令人厌倦的道德角色，而情欲之爱（Elskov）是诗，这并非事实；不，婚姻才是真正具有诗意的。如果这个世界经常痛苦地看到，一种初恋无法维持下去，那么，我会为这世界而悲痛，但我也会想到，与其说缺点在于后来所发生的事情，不如说在于没有正确地开始。因而，初恋所缺乏的是另一个审美理想，即历史性的理想。[1] 它本身没有运动法则。如果我把个人生活中的信仰视为同样直接的，那么，初恋就相当于一种（凭借应许之力量）相信自身能够移动众山的信仰，[2] 一种去往各处施展奇迹的信仰。也许，它会取得成功，但这种信仰毫无历史，因为，对其所有奇迹的列举，并不是它的历史，而在个人生

1 原文为 det Romantiske。草稿有 del Historiske，det Romantiske（按照第一版编辑的看法，意思是 det Historiske）。第二、三版有 det Historiske。按上下文，“历史性的”（det Historiske）在这里似乎更恰当。

2 参见《新约·马太福音》17：20，21：22；《新约·马可福音》11：23；《新约·哥林多前书》13：2。

活中对信仰的动用，才是信仰的历史。婚姻之爱确实具有这种运动，因为在意向中，这一运动被引向了内在。可以说，在宗教之物中，它让上帝去关心整个世界；在意向中，它将会与上帝一同为自己而战，将在耐心中获得自身。[1]在罪的意识里，有一种与人类的脆弱有关的概念，但在意向中，这种脆弱就被克服了。关于婚姻之爱，我十分强调这一点。我确实对初恋做了很高的评价，我认为，比起你对它的赞美，我甚至做得更加出色，但它的缺点在于其抽象的特征。

因此，婚姻之爱中具有更多的内涵，你可以从它能够放弃自身这一事实中看出来。设想一下，假如初恋不可能被实现，那么，如果它真的是一种婚姻之爱的话，个体就能够放弃它，并且依然拥有它的甜蜜，尽管是在另一种意义之上。初恋绝不可能做到这一点。但是，绝不能据此得出，正是怀疑为婚姻之爱提供了它的顺从，显得好像婚姻是初恋的一种受贬损的状态。如果事实如此，那么，它就确实不是顺从，而且，也许没有人比顺从它却拥有凌驾于它的力量的人更了解它有多么甜蜜；但这么说来，在坚持那种爱情时，在生活中实现那爱情时，这种力量也是巨大的。需要同样的力量来放弃它，正如需要同样的力量坚持它一样，而真正的坚持，

1 参见“在忍耐中拯救灵魂”，《布道词十八篇》，《文集》卷5。

就是那种能够放弃又能在坚持中表现自身的力量；真正的自由，真正的、安全的翱翔只存在于这种坚持之中。

婚姻之爱通过成为一种同化的过程而将自身显现为历史性的；它不断地尝试进行体验，把被体验过的东西与自身关联起来。所以，婚姻并不是漠然的旁观者，而是在本质上具有参与性的——简言之，它体验了自身的发展过程。诚然，浪漫之爱也涉及它本身所体验过的东西——例如，骑士把战斗中赢得的旗帜之类的东西送给自己的心上人，但即使浪漫之爱始终都能想象与这些征服有关的一切，但它仍然不可能想到爱情应当拥有历史。平庸的观点走向了相反的极端。它完全可以想象到爱情获得了一段历史，[1] 但那往往是一段暂存的历史，这种历史是那么普通和平庸，以至爱情会很快获得在上面行走的双脚。试验性的爱情肯定也会获得某种历史，但正如它不具有任何真实的先天性一样，它也不具有任何连续性，并被限制于试验性个体的任意性之上，那既是他们自己的世界，同时也是在这世界中他们自己的命运。因此，试验性的爱情往往意在探究爱情的状况，从而具有双重的快乐——一方面是在结果与算计吻合时，另一方面是在某种完全不同的东西似乎由此产生出来时。发生后一种情况时，

1 参见 207 页注释 2。

它也很满意，因为它可以进行无穷无尽地组合了。

不过，婚姻之爱本身不仅具有先天性，而且在其本身也具有持续性，这种持续性中的力量与运动法则是相同的——它就是意向。在这种意向中，设定了别的某种东西，但这种别的东西也被设定为被克服了的东西；在这种意向中，这种别的东西也被设定为某种内在的东西，因为即使在内在的东西之中，我们也能在对它的反思中见到外在的东西。历史性的东西存在于这种别的东西的涌现并获得其效力的过程之中，但正是在其效力之中，它被视为某种不应具有效力的东西。因此，经过考验和纯化了的爱情，就从这种运动中产生了，并吸收了它所经历过的东西。这种别的东西如何出现，并不在个体的能力范围内，个体与试验的方式无关；但在其先天性之中，爱情不必了解这一点也仍然能战胜所有这一切。

诚然，《新约》里的某个地方写道：如果带着感激去领受，那么，一切礼物都是好的。[1] 大多数人在领受好的礼物时都愿意表示感激，但同时他们却要求让他们决定什么礼物是好的。这证明了他们的肤浅。但另外一种感激的确是欢欣鼓舞的，也是先天的，因为它具有一种内在的、永恒的可靠

1　参见《新约·提摩太前书》4：4。

性，甚至不为不好的礼物所动摇——不是因为人们懂得如何唾弃它，而是由于一种敢于对此表示感激的无畏胆量和极大的个人勇气。因而，它也有利于爱情。在这个问题上，我从来就没有想到要回应所有那些长长的血泪史，而你始终都开玩笑地准备对焦虑的丈夫们进行开导，我希望这一次你要克制自己，因为你要应付的已婚男人不可能简单地任由你把他变得更加糊涂而从中取乐。

虽然我这样追寻着爱情之花，从它隐花状态的掩饰追随到它显花状态的生命，但我在路上却碰到了一个难题，你肯定会认为那难题毫无意义。我认定（Posito），我认定，[1] 我已经使你相信，在婚姻之爱中结合了初恋的那种宗教之物和伦理之物，绝不会贬低初恋，你在自己的内心深处对此深信不疑，而且绝不会拒绝宗教的立场。因而，在与你所爱的她单独在一起时，你会使自己和你们的爱情在上帝面前变得谦卑。你真的被攫住了，被感动了，但现在要当心——我只说一个词，“教堂会众”，正如民歌里所说，一切又立刻消失了。[2] 我认为，你不能忽略内向性这个范畴。“教堂会众们，

1　可能是仿效让·保罗（Jean Paul）使用拉丁语中的逻辑惯用语 Posito 并且重复一遍翻译的做法。例如，可参见《第四休息时》，载《现代人的秘密悲歌》，《让·保罗全集》卷 I-LX（柏林：1826—1828），卷 39，第 35 页。也可参见《序言》，《文集》卷 11。

2　参见亚当·戈特洛布·奥伦施莱格尔，《宝藏挖掘人》，《诗歌》（哥本哈根：

有福的教民们，尽管他们人数众多，但整体上仍是一个道德化的形象——不错，他们具有道德形象所有令人讨厌的品质，不过他们也确实具有一些好品质，比如一个脖子上只有一个头颅[1]……我非常了解我要做什么。”

你无疑知道那个疯子，他固执地认为自己的房子里满是苍蝇，[2] 这样，他就处在了被它们覆盖的危险之中。他处在绝望的焦虑之中并带着绝望的愤怒为自己的生存而斗争。你似乎也以同样的方式，为了自己的生存而反对这样的一大群想象出来的苍蝇，反对你所称的“教堂会众”。不过，事情并没有那么危险，但我将首先讨论在与教堂会众的交往中最重要的问题。在讨论之前，我要先提到如下这一点：初恋完全不敢将不了解这些难题作为自己的优势，因为这种不了解是由于它使自身一直保持着固定的抽象状态，完全不同

1803），第 29 页；《日记与论文》卷 5，第 5547 页（《论文》卷 2-A，第 780 页）。

1 参见苏维托尼乌斯，《盖乌斯·C. 卡利古拉》，30，《罗马十二帝王传》；丹麦文版见《罗马十二帝王传》卷 1—2，雅各布·巴登译（哥本哈根：1802—1803），卷 1，第 312 页；英文版见《苏维托尼乌斯》卷 1—2，J. C. 罗尔夫译（洛布，纽约：1914），卷 1，第 453 页：“他［卡利古拉］对一群鼓掌欢迎反对派的人们很愤怒，叫道：‘我希望罗马人只有一个脖子……’”也可参见《增补》，第 382 页（《论文》卷 2-A，第 409 页）。

2 大概是指图密善皇帝。参见苏维托尼乌斯，《图密善》，卷 3，第 1 页；巴登卷 2，第 231 页；洛布卷 2，第 345 页：“在他的统治开始时，他每天都要独自度过几个小时，什么都不做，只抓苍蝇，用一支锋利的尖笔刺它们。结果，当有人曾问是否有人在那里与皇帝在一起时，维比乌斯·克里斯普斯机智地回答说：‘连只苍蝇都没有。’”参见《重复》，第 179 页，《文集》卷 6。

现实接触。你非常了解如何根据周围的世界来区分各种抽象关系（对周围的世界进行抽象化会消除这种关系）。你甚至也能容忍为牧师、教区牧师和政府官员付报酬，因为金钱是使每一种关系保持距离的极好手段。这也是为什么你要让我加入你的那个计划：如果不给钱或收钱，就不做任何事情，不接受任何东西，哪怕最微不足道的东西。言外之意是，如果你要结婚，你就能够为每个前来分享这一举动之欢乐的人付小费（douceur）。在这种情况下，你一定不会为会众人数的增加而感到吃惊，或者说，这确实会使你想到那个惧怕苍蝇的人。因而，你所惧怕的，就是那些通过探询、祝贺、问候达成的私人关系，是的，甚至惧怕那些通过礼物的馈赠，从而与你进入一种无法用金钱衡量的关系，从而力图展现一切可与你们共享的事情——在这种情况下你为了你和你所爱的人宁可没有这种关系。“人们可以靠金钱避免很多荒谬可笑的情景。人们可以用金钱堵住教会吹鼓手的嘴，否则他们就会在国会上为自己进行鼓吹；人们可以用金钱避免在全体会众面前被宣布为已经结婚，被宣布为诚实的已婚者，因为在这种情况下（in casu）他本来希望自己仅仅是为了那一个人而结婚的。”

这种论述并不是我的发明，这是你的发明。你还记得有一次在教堂举行的婚礼上你是怎样发怒的吗？你就像在所有牧师都到场、把双手放在神职候选人身上的神职授任仪式上那样，同样希望所有在场的、怀着亲切之情前来的兄弟们都以祝福的亲吻去吻新娘和新郎。确实，你声称，如果没有想到那个感人的时刻，即慈爱的神父或老朋友举杯深情地说出“新娘和新郎”这美好的词语，那么你就根本不可能说出“新娘和新郎”这些词来。你发现教堂的整个华丽庆典都旨在抑制情欲，正是因为教会的仪式设计得那么恰当，因而随后的俗务就显得太不恰当了。“因为把一对准夫妻放在同一张餐桌旁吃饭是不恰当的、荒谬的、乏味的，由此激发起一种有偏见的、虚假的和丑陋的反思：是否教会的教令才让他们成为夫妻。”所以，你似乎更偏爱宁静的婚礼。我并不反对这样做，只是要告诉你，在这种场合下你也会被称为一个非常合适的已婚男人。也许，在没有他人听到那些词语时，你更加能够宽容它们。此外，我也要提醒你，在结婚仪式上人们并不说“在全体教堂会众面前”，而要说[1]“在上帝和这些教堂会众面前”，这个词语并不因其限定而使人沮丧，也不缺乏勇气。

至于你就此要说的其他话，即使用你习惯的轻率方式说出来，我还是能原谅你的，因为你要抨击的仍然只是社会的

1 有关本句的更多讨论，参见《增补》，第 376 页（《论文》卷 3-B，第 41 页，第 24 行）。

一些方面。就它们而言，每个人都可能有自己的看法，哪怕我不赞同你的拘谨（Sprødigkeit），但我仍然会尽可能宽容。大概，我们在那些问题上始终都不会达成一致意见。我认为重要的是体验它们，如果可能，就说一些有关它们的美好东西，如果做不到，就顺从和容忍它们。我完全看不出在布道坛上宣告结婚对一个人的爱情有什么危害；我也认为这样的宣告不会对听众有什么危害，不像你曾经言过其实地证明的那样：那时你坚持认为应当废弃宣读结婚公告，因为有那么多人，尤其是女人，去教堂仅仅是为了打听这类事情，这会破坏布道的效果。你的这种忧虑背后有某种不真实的东西，似乎所有这些琐事会扰乱一种健康而强烈的爱情。有关这一点，我无意为每一种流行的可厌之事进行辩护。当我坚定地支持那些会众时，我并没有确认他们是一群“尊贵的公众”，用歌德的一句诗来说，“认为人们所做的每件事都是为交谈提供素材，这是十分无耻的”。[1]

对我来说，还有一种考量，也说明了你对一切社交行为和混乱的过分焦虑，即你担心自己错过了情欲的契机。你懂得如何使自己的灵魂保持不动，就像一只鸟在俯冲捕食之前暂时不动那样；你懂得那种契机不是人力所能把握的，

1　引文没有注明出处。

而最美好的东西却存在于那契机之中。这就是你了解要怎样时刻观察，并且不去预期在你等待契机的不安之中的任何事情的原因。但是，当人们事前很早就知道了这样的事情要在某个特殊时刻出现，当人们从各种准备中不断地得到对它的暗示之时，那么，就存在着“错过那一刻”的危险。这表明，你还没有领悟到婚姻之爱的本质，你对初恋还怀着一种异端的、迷信的信念。

现在，让我们思考一下会众这个问题实际上是否那么危险，请注意，不许你设想那种（你病态头脑中有时设想的）可怕情形。你的生活肯定不只是使你与一些人有交往，不，而是与他们有亲密联系。在想起他们时不会使你不安，不会扰乱你心里的理想，当你要鼓励自己向善时，你会大声对自己说出他们的名字，他们的存在扩展了你的灵魂，他们的人格向你透露了高贵和崇高。有这样的朋友会打扰你吗？这大概就像一个人关于宗教所要宣称的：“我希望以自己的全部心灵维护与上帝和基督的交情，但我无法忍受他使我在所有神圣的天使面前忏悔。”[1]

在另一方面，你的生活，你生活的外在环境，肯定都会使你与其他那些人接触，对他们来说，在单调乏味的日常

1　参见《新约·马太福音》10：32；《新约·马可福音》8：38。

生活中很少有欢乐，也很少会被美好和有意义的事情打断。每个家庭在自己的熟人中间，甚至在家庭内部不是都认识一些像那样的人吗？让那些几乎被抛弃在孤独中的人们在这些家庭里拥有一个休养的地方，不是也很美好吗？对他们来说，一场婚姻成了一个有意义的事件，成了他们日常生活中富有诗意的一个小岛，是他们可以期盼很久而又记得很久的某种东西。在我拜访过的一个家庭里，我经常看见一个年老的处女，她是那家女主人的同龄人。她还非常生动地记得婚礼那天的情形，哎呀，也许比妻子本人记得还要生动——如何打扮新娘，以及每一件细小的事情。你不会剥夺所有这些人获得幸福的机会吧，毕竟你可以为他们提供这种机会。

让我们以爱来对待弱者吧。很多婚姻进入一种隐秘状态是为了适当地品味其欢乐，而时间也许会带来某种不同的、缺乏欢乐的东西，以至人们有可能说：好吧，它也许还是具有给予一些人以欢乐的意义的，因而，它还是具有某种重要性的。你知道，我同你一样讨厌一切不礼貌对待家人的行为，但一方面，我知道如何把它们排除在自己的生活之外，另一方面，我知道如何克服它们，你有着你的痛苦、你的争论、你的怒火——难道你不应当懂得如何越过这个领域吗？你确实懂得,但它还是会打扰你。我不会为你强加各种限制。抛开打扰你的那些东西，但不要完全忘了我的原则——如果对你来说有可能的话，不要忘了把更美好的东西变为现实。要记住，如果可能的话，你要拯救这些人，而不是为你自己辩护。我可以把这当作一个慎重的规则来嘱咐你，因为你完全知道一个人越是把自己孤立起来，他就越会向那些无所事事、喜欢搬弄是非的人们炫耀，你经常与他们玩这种使他们好奇的游戏，接着就让整个事情化为乌有！我可以把这当作一个慎重的规则，却不会强加于你，因为我非常看重我的话中蕴含的真理，并不想要贬低它。

每一种生成（Tilblivelse）越是健全，就越是始终具有一种争论性的要素，越是如此，就越健全，每一种婚姻关系也同样如此。你非常了解，我蔑视在家庭生活中的散漫态度，蔑视那种乏味的财产的共同拥有权（communio bonorum），它可以使一桩婚姻显得是某个人与整个家族结婚。[1] 如果婚姻之爱是一种真正的初恋，那么，它也有它的某种隐蔽性；它并不想炫耀自己，不想在所有节日之际都让自己的生活出头露面，它不从祝贺和赞美中吸取养料，也不从对神的崇拜中吸取养料，就好像在家里就可以实现这一切。你对此非常了解；就让你的睿智去嘲笑这一切吧，我在很多方面都可以同意你的看法，我认为，如果你让我像有经验的、仁慈的林

1　参见《增补》，第 376 页（《论文》卷 3-B，第 41 页，第 25 行）。

务员那样，指出要砍倒的那些腐朽树木，但也在其他地方做一个保护性的记号的话，这是不会妨害你和那些正当的事情的。

我会毫不犹豫地宣称，隐秘性是在婚姻中维持审美的绝对条件，并不是在应当以它为目标、要追逐它的意义之上，那样做是徒劳，而是要使唯一真正的快乐存在于享受隐秘之中。初恋最偏爱的幻想之一就是，它想逃离到一个无人居住的岛屿上。现在这一点经常成了荒谬可笑的，然而我不会参与到我们时代的这种破坏偶像崇拜的暴行中。初恋的幻想的缺点在于，初恋认为除了逃离之外，它不可能以任何别的方式得到实现。这是一种误解，它植根于初恋的非历史性的特征之中。关键的艺术在于，继续停留在多样性之中，而且仍然要维护那种隐秘。在这里，我再次把它当作一种慎重的规则，即只有继续停留在人们当中，那隐秘才会获得自身的真正能量；只有通过这种对立，它的尖端才会钻得越来越深。出于同前面一样的原因，我不会那么做，也因为我始终都认为，与他人的关系是某种具有实在性（Realitet）的东西。然而，这就是它具有艺术性的原因，婚姻之爱没有逃避这些难题，却在其中保持和获得了自身。因此，婚姻之爱也很看重这一点，从而它没有时间陷于同那些琐事进行争论的困境之中。

就内在而言，[1]这种主要条件包括：最大程度的坦率、诚实和开放性；这就是爱情的生命原则，隐秘性在这里就是其死亡。但是，做到这一点并不像说起来那么容易，不断地做到它确实需要勇气，因为你大概已经看出来了，我在这方面所想到的不只是在复杂的家庭形态的婚姻中流行的琐屑的胡言乱语。当然，只有在有隐秘性的地方，才存在着开放的可能性；但就其面临着隐秘性而言,开放也变得更为艰难。要显现出真实的面目需要勇气；当人们能凭借某种隐秘就能让自己远离羞辱时，不这么做需要勇气；当人们与世隔绝保持（indesluttet）缄默就能获得名声时，不这么做需要勇气。要变得健全，要真诚地欲求那真实的东西，这需要勇气。

可是，让我们从一些不那么重大的事情开始。一对新婚夫妇认为，自己应当“把自己的爱情限制在三个小房间的狭窄范围之内”，这给你提供了到幻想王国去做一次小小旅行的机会，那里离你每天逗留的地方那么近，以至可以怀疑那是否应当叫作一次远足。你致力于让自己怀着最大的关切和最优雅的姿态，去装点一个你可以为自己希望的未来。你知道，我并不是不愿意参与像那样的小小想象性建构

1　有关以下段落，参见《增补》，第 376 页（《论文》卷 3-B，第 39 页）。

(Experiment)[1]，赞美上帝，我是个十足的孩子，甚至当王子乘坐一辆四匹马拉的车经过我身边时，我竟能想象自己正坐在里面，我天真十足，甚至在我使自己相信事实并非如此时，我还是很高兴别人正坐在里面；我还不算堕落，最多只想养一匹既能拉车又能骑的马，因为我的处境只能使我这样。

因而，在你的思想中，你结婚了，幸福地结婚了，已经使你的爱情安然无恙地渡过所有的逆境，现在你盘算着如何安排好自己家里的一切，这样你的爱情就会尽可能长久地保持其芬芳。就这个目的而言，你所需要的不止三个房间。我在这一点上同意你的看法，因为你作为一个单身汉就用了五个房间。如果你必须把自己的一个房间交给妻子，那会使你非常不愉快；就此而言，你宁可把四个房间交给她，自己住在第五个里，而不愿意共住一个房间。在考虑了这些不便之后，你接着会说：所以，我从（gaa ud fra）[2]有争议的那三个房间开始，不是在哲学的意义上开始，因为我无意再返回到它们，而是相反，要尽可能地远离它们。确实，你那么厌恶那三个小房间，甚至，你如果无法拥有更多房

1 Experiment 直译为“试验”。参见《重复》，第21—28页和第357—362页，《文集》卷6。

2 丹麦语文字游戏，字面意思是“从……走出去”，比喻意义是“预先设定”“假设”“作为出发点”“从假设开始”。

间，就宁可像个流浪者那样生活在广阔的天空之下，毕竟这种生活是那么富有诗意，再多的房间都换不来这样的生活。我通过提醒你这是非历史性的初恋的常见异端邪说之一，来试图邀你会面，从而可以开心地同你散步，穿过你的空中城堡中很多空旷的、冷冷的、有很高天花板的客厅，经过隐秘的、半点着灯的私人房间，再通过许多被最遥远的角落里的蜡烛、枝形吊灯和镜子照耀着的餐厅，来到那个折叠门通向阳台的小房间，清晨的阳光从那里流淌进来，花朵的芬芳只为你和你的爱情而散发，摇曳着迎接我们。

当你像捕猎山羚羊的猎人那样从一个山峰跳到另一个山峰时，我不会进一步追逐你那大胆的步伐。我只会稍微详细地讨论一下你的计划据以建立的原则。显然，那种原则是隐秘性、神秘化和微妙的卖弄风情。你不仅要在那巨大房间里的墙上装上玻璃框，[1]就连你的意识世界也要用相似的折射原理来成倍增加；你会见到她和你、你和她，不仅在房间里的每个地方，而且也在你的意识里。

“但为了做到这一点，整个世界的财富也不够；为此要花很多精力，需要明智地用安排好的精神力量来调节。因此，他们必须是彼此陌生的，这样，亲密才会变得有趣；他们

1　例如，可参见《讽刺的概念》，《文集》卷 2，参见施莱格尔的《露辛德》。

必须是亲密的，这样，陌生才成了一种有激励作用的阻力。婚姻生活不应是令人放松的睡衣，但也不应是妨碍行动的紧身衣；它不应是一项要求竭力准备的任务，但也不应是一种无节制的懒惰。它必须具有偶然的印记，然而，也得让人们隐约有一种精心雕琢的艺术感。人们不应当日夜沉迷于在大客厅里挂上一张可以覆盖住地板的地毯，相反，最微不足道的一瞥也定会在角落里发现隐秘的小小记号；人们完全不必在每天共同吃掉的蛋糕上留下作为标记的花押字母，然而，完全可以有一个小小的简洁标记。关键在于尽可能远离暗示了循环运动的那个点，那个点是重复的起点；由于它无法完全避免，所以，关键在于以各种可能的方式来规划，使得某种变动成为可能。只有一套布道文本，如果一个人自己在第一个礼拜天就把布道进行完了，那么，他不仅在那一年剩下的日子里无道可布，而且在第二年的第一个礼拜天也无道可布。只要有可能，他们就应该彼此保留某种神秘性，就人们会逐渐透露出自己的心思而言，这一神秘性也须得尽可能利用各种偶然事件显现出来，这样它就变成了相对的，从而可以从其他很多方面再来看待它。人们必须提防任何的饮食过度和重复的余味。”

你将居住在这座高贵城堡的一楼，城堡坐落在一个漂亮地方，离都城很近。你的妻子，你的配偶，住在第二层的左侧。

这就是你总会嫉妒上等人的地方——丈夫和妻子拥有各自的空间。然而，接着又有某种东西从这种宫廷生活中夺走了审美之物，一种仪式般的拘泥形式，坚持要在等级上高于爱情。人们被通知，人们被迫等待一会儿，人们被接见。那种东西本身并非不美，但只有当它成为神圣的爱情游戏中的一种玩乐时，它才具有自身真正的美，它可以像这样被赋予效力，也完全可能像这样被剥夺了效力。情欲之爱本身一定有很多边界，但每个边界也必须是一种纵情的诱惑，诱惑着人去跨越边界。

因而，你住在一楼，那里有你的图书馆、台球室、会客厅、书房和卧室。你妻子住在二楼。那里也是你们夫妇就寝的地方（toral conjugale），一个大房间加两个小房间，一边各一间。必须没有任何东西使你或你妻子想起你们已经结婚，然而，同样必须保证的是，任何东西的状态都得完全不同于未婚之人那里的情况。你不知道你妻子在做什么，她也不知道你在忙什么，但是，这完全不是为了变得懒散或彼此忘却，而是为了每次接触都有意义，为了推迟你们彼此注视直至感到厌倦的那个致命时刻。你们在夫妻关系的历程中不会手挽手地艰难前行；当她在花园里散步时，你甚至会带着青春的迷恋在窗户边上久久地注视着她，为了追踪她而使你的目光变得敏锐，当她的身影从你的视线中消失时，你会陷入对她的沉思之中。你会悄悄跟在她身后；是的，有时她会靠着你的肩膀，因为在被人们确立为某种特殊情感的表达方式的事物中，始终存在着某种美好的东西。你用手搂着她散步，一半是为了充分发挥这一习俗中的美的价值，一半是开玩笑地表示你们的确像结了婚的人那样在散步。可是，如果我要追踪你那机灵的头脑在这种亚洲式的华丽精美方面进行的精雕细琢，我该如何达到尽头呢？这几乎使我筋疲力尽，我希望自己返回到被你傲慢地拒绝了的那三个小房间里去。

现在，如果在这整个观点中还有什么审美意义上的美的话，那么无疑，一部分在于你暗示出来的对情欲的羞涩，而另一部分则在于你任何时候都不想去拥有那已然获得的爱人，而是要不断地获得她。后者就其本身而言是真实的和正确的，但这项任务绝不是带着情欲上的严肃性提出的，所以终究也没有得到实现。你一直坚守着一种就其本身而言的直接性，坚守一种天然的气质，不敢让它升华为一种共享的意识，因为这正是我用“真诚”和“开放性”来表达的东西。你担心在神秘消失之后爱情将不复存在；不过，我却认为，神秘的消失才是爱情的开始。你担心一个人不敢彻底了解自己爱的是什么，你依赖于某种不可通约的东西，将其作为一个绝对重要的组成部分；我却坚持认为，人们直到懂得自己爱的是什么时，才真正开始去爱。此外，你的所有幸福都缺乏一种祝福，因为它缺乏各种逆境；这不仅是一个缺点，就你实际上想以此理论来指导别人而言，你那理论并不真实，这倒也是一件幸运的事。

所以，让我们转向生活中的真实情境吧。现在，我坚持认为逆境是婚姻的一部分，但我绝不允许你把婚姻与一连串逆境等同起来。如前面所解释的那样，包含在决心中的顺从早已暗含了这一点，即婚姻将伴随着各种逆境，只不过那些逆境尚未取得确定的形态，不会使人惊慌——因为恰恰相反，它们被认为早已在决心中被克服了。此外，逆境不是被视为外在的，而是内在于个体的反思之中，但这属于婚姻之爱共有的历史。如前面所解释的，隐秘性本身在没有任何需要保密的事情时就成了一种矛盾，当它只是爱情账户中的一个充满爱意的小摆设时，就成了一种幼稚。只有当个体的爱情真正打开了他的心灵，使他在一种更为深刻的意义上变得富有口才（不是人们通常所谓的爱情使人有口才，因为就连勾引家也能够具有这后一种程度的口才）时，只有当个体以共有的意识来处理一切事情时，只有这时，隐秘性才获得了它的力量、生命和意义。

然而，为此需要人们走出决定性的一步，所以，也要求人们具有勇气。如果没有出现这种情况，婚姻之爱就会变成虚无，因为只有这样才能表明一个人爱的不是他自己而是另一个人。除了只为他人而存在以外，人们还能怎样表明这一点呢？但除了不为自己而存在之外，人们又怎样才能只为了另一个人而存在呢？但是，为自己而存在始终都是对那种隐秘性的最常见表达，那种隐秘性是个体生命仍然滞留于自身之中时才具有的。爱情是舍己的，但我要走出自我，舍己才是可能的——那么，这如何与那种明确地想要滞留在自身之中的隐秘性统一起来？

“可是，人们像这样来表露自己就会有所失去。”不错，那些以隐秘来获利的人当然总会有所失去。但是，如果你想始终如一，就必须对此有更加长远的打算。因而，你不仅必须劝人们反对婚姻，而且也要反对每一种亲近，然后看一看你那精明的头脑能以电波信号把这推到多远。最有趣的阅读，在于读者本人在其中达到了某种程度的创造性。情欲的真正厉害之处在于远远地造成一种印象，这对那个相关的人来说很危险，因为她会自己凭空创造出其爱情的对象，接着就爱上了自己的创造——尽管这不是爱情而是勾引之媚态。与之不同的是，恋爱的人在另一个人那里已经失去了自我，但他在另一个人那里丧失和忘却自我时，却对那个人开放，他在另一个人那里忘却自我时，却在那个人那里被记住了。恋爱的人并不希望与另一个人混淆，那个人既不比自己好，也不比自己逊色，一个对自己和自己的爱人不具有这种尊重的人，并不会去爱。一般来说，隐秘性植根于一种狭隘的想法，即想使自己的身量多加一肘。[1]不懂得如何抵制这些事情的人，绝没有爱过，因为他如果爱过，就会感到即使他再使自己的身量多加十肘，他仍然非常渺小。

人们通常认为，爱情的这种谦卑只属于喜剧和小说，或者说，只能归在求爱时候的方便谎言中。但事实完全不是这样。无论何人何时想以爱情之外的任何东西来衡量爱情时，这种谦卑都是真实的、有帮助的，经常是训诫性的。即使世界上最卑微和最无足轻重的人爱上了世界上最有天赋的人，但只要后者还稍微懂些道理的话，那么，他仍然会感到，自己的所有天赋还留有一个巨大的深渊，他能满足隐含在他人爱情中的要求的唯一方式，就是用爱情去回报。让我们绝不要忘记，人们是无法以异质性的东西作为回报的。因此，真正感觉到这一点的人是爱过的，但他肯定不担心自己被剥夺了本身对他来说毫无价值的某种东西。只有那些在世界上变得贫穷的人，才会赢得对所有权的真正保证，只有那些失去了一切的人，才会获得一切。[2]因此，我用芬奈隆（Fenelon）

1 参见《新约·马太福音》6: 27。（按和合本，或译“使寿数多加一刻”。——编者注）

2 参见《新约·马太福音》10：39，16：25；《新约·马可福音》8：35；《新约·路加福音》9：24；《新约·约翰福音》12：25。

的话说："相信爱情——它夺走一切，它给予一切。"[1] 确实，让所有个别的东西消失在"一"之下，让它们在爱情的无限力量面前像模糊的影像那样消失和飘走，这是一种美好的、使人发奋的和不可言喻的幸福感。这是一个算术过程，美好得就像无限之中的美一下子产生出来一样，就像一个人当某一系列事情发生时高兴得不断地伸出自己的手，接着又让这些事情一个接一个地消失一样。是的，这是真正的爱情对于消失的真正热情，这时它想要全世界——不是由此获得成功,而是让这世界在爱情的消遣中像玩笑一样消亡。事实上，一旦通向有限事物的门被打开，那么，一个人由于拥有那代人中最好的头脑、最棒的才能、最高的艺术天赋而希望得到爱情，就像一个人由于下巴上留着最漂亮的山羊胡子而想得到爱情一样，是愚蠢和荒谬的。然而，这些表现和情绪非常自然地多半属于初恋，它完全是一种极度不稳定的态度，你总会想到它，这使我在这里感到有必要再次提及这一点。

初恋可以带着超自然的感染力去希望，但这种希望很容易变为没有任何内容的"如果"，我们并不是生活在这样一个伊甸园里，我们的主并没有在其中按照每对已婚夫妇的愿望赋予他们整个世界。婚姻之爱了解得更清楚，它的运动不

1 本句的出处不明。

是向外而是向内的，它在那里很快就会看出它面前有一个广阔的世界，但也看出了每次对自己的小小征服，都与爱情的无限完全不可通约。尽管它感到了要痛苦地与那么多东西进行斗争，但它也感到了进行这种斗争的勇气。确实，当它几乎能为罪进入世界而兴奋时，它就具有足够的勇气在各种悖论中超过你；但在另一种意义上，它之所以有勇气在各种悖论中超过你，是因为它有勇气化解悖论。正如初恋一样，婚姻之爱充分认识到了，这些障碍要在爱情的无限契机中被征服。然而，它也知道（这正是其历史性所在），它需要获取这场胜利，而这种获取不只是一场游戏，而且也是一种斗争；不只是一种斗争，还是一场游戏。正如在瓦尔哈拉[1]的战斗对死者来说是一种斗争也是一场游戏一样，因为那些勇士始终都会再站起来，因死亡而重生。它同样知道，这种小冲突并不是一种反复无常的决斗，而是一种在神的保护下的斗争；它感到毫无必要去爱更多人,却在这之中感到了祝福；它感到毫无必要去爱更多次，却在这之中感到了一种永恒。你认为，这种毫无隐秘的爱情会失去某种美好的东西吗？或者说，你认为，它无法经受住时间的考验，必然会在每天的接触中变得阴暗起来吗？或者说，你认为，厌烦会来得更快，

1 在斯堪的那维亚神话中，瓦尔哈拉是奥丁为阵亡的英雄们准备的邸宅，是一个不朽之殿堂，阵亡的英雄们会由女武神带到那里去。

似乎婚姻之爱并不具有那种人们绝不会厌倦的永恒实质，那种永恒实质有时会通过一个亲吻和玩笑来获取，有时却是通过焦虑和颤栗来获取，接着会获取什么呢？

“然而，它必须抛弃所有那些可爱的小小惊喜。”我完全看不出这有什么必要。我肯定不会认为，婚姻之爱始终都必须忍受滔滔不绝的谈话，甚至在睡觉时也要交谈；相反，恰恰在存在着一种完全的坦诚时，所有这些小小的惊喜才具有意义。这赋予了人们一种安全感和信任感，由此，这种附带的举动才被当作最大的优点。然而，如果人们认为，爱情的实质和真正的幸福乃是由这些小小的惊喜所构成的，人们在每个时刻为小小的惊喜进行准备和自我思考时的可怜、优雅的温柔和不安都是某种美好的东西，那么，我就得说，那一点都不美好，而且是一种非常可疑的迹象，即一种婚姻没有其他纪念物可以展示，只有一个充满了夹心糖、瓶子、杯子、绣花拖鞋、小饰物等等的展示柜而已。

然而，许多婚姻中往往有着隐秘体系在起作用。而我从来就没有看见一桩幸福的婚姻属于这种情况。但是，由于这可能是纯粹偶然出现的情形，所以，我将看看通常就它给出的种种理由。这一点对我来说很重要，因为一桩在审美上美好的婚姻始终都是幸福的婚姻。现在，如果幸福的婚姻可以建立在这个基础之上的话，那么，我的理论就不得不做出改变。我不会忽视任何外在的形式，而且要尽可能公正地描述各种情况，尤其要详细研究那种情形，即我发现在其中实现了隐秘体系的那种家庭，而且这一隐秘体系在此得到了巧妙维持——这确实让人印象深刻。

我认为，你会承认，隐秘体系一般都来自男人们，虽然这一体系总是出错，但相比让女人们行使这样一种统治（dominium）的情况，这一体系还是更容易容忍些的。当然，最糟糕的形式是纯粹的专制，妻子在其中成了奴隶，成了在家务方面什么活都要干的女仆。这样一种婚姻绝不是幸福的，即使岁月产生出了一种用以忍受它的麻木。一种稍微美好些的形式是下面这种情况的极端形式——一种不合时宜的关心。人们说："女人是软弱的，她无法承受烦恼和关爱——必须用爱情来对待脆弱者和软弱者。"谎言！谎言！女人跟男人一样强壮有力，也许还要更强壮些。当你用这种方式来侮辱她时，你真的是在用爱情对待她吗？或者说，是谁允许你侮辱她，你的灵魂就那么没有辨别能力，以至你认为自己是一个比她优越的人吗？要完全信任她。如果她很软弱，如果她无法承受——那么，她就可能依赖你，毕竟，你有足够的力量。可是，无法容忍这一点的是你，对此没有忍耐力的是你。因此，缺乏力量的是你，而不是她。也许，她比你更有力量；也许，她让你感到羞愧，你却没有力量去忍受这一点。或者说，你难道没有承诺与她分担善与恶吗？不让她熟悉邪恶，对她来说不是不公平吗？那不是压制了她身上最高贵的东西吗？也许，她是软弱的；也许，她的悲痛会使一切都变得更加艰难——哦，好吧（eh bien），那就与她分担这种邪恶吧。但是，这反过来会拯救她，而你，你有权利剥夺她走向拯救的途径，你有权利瞒着她在世上偷偷潜行吗？你从哪里获得了自己的力量——她不是与你一样接近上帝吗？你要剥夺她以最深刻和最内在的方式——通过痛苦和受难——去寻找上帝的机会吗？此外，你就那么肯定地知道，她完全不知道你的隐秘吗？她是否在默默地悲伤和叹息，她的灵魂是否在遭到伤害，你知道吗？也许，她的软弱是一种谦卑；也许，她相信，忍受这一切就是她的责任。诚然，你因此有机会在她身上培养出力量，但那仍然不是你希望或承诺过的那种方式。或者更夸张一点说，你难道是在把她当作额外的妻子来对待吗？不过，你没有更多的妻子这一点，对她可算不上什么帮助。当她发现你爱她，不是因为你是一个骄傲的独裁者，而是因为她是一个脆弱的生灵，这不是对她的加倍羞辱吗？

有阵子，我到一个人家里去做客，我在那里有机会观察到一种较为巧妙和优雅地运用沉默的方式。那个丈夫是个相当年轻的人，具有非凡的才能和智慧，以及诗人的天赋，却懒散得不愿去创造，然而，在使日常生活具有诗意方面，他却具有一种非凡的敏锐性与活力。他妻子也很年轻，并非没有才智，却具有一种不同寻常的个性。这一点很使他着迷。他完全懂得在她身上唤起和激发青春幻想的一切方式，这绝对令人感到惊讶。她的整个存在，他们的婚姻生活，都与诗意的魔力交织在一起。他的目光密切地注视着一切，当她回过头来看时，那目光却不见了。他要染指一切事情，但却像上帝染指历史那样是象征性的、（在有限的意义上）非实质性的。无论她的想法要转向哪里，他都早已到了那儿，做好了一切准备；他像波将金[1]一样，懂得如何营造出一种幻想之境，在最初的惊奇和少许阻力之后，正好顺势讨她的喜欢。他的家庭生活是一个小小的创世故事，正如在宏大的创世故事中，一切都是为了人类而奋斗，因而她成了那个魔力圈的中心，她在其中尽情享受着自己的一切自由，因为那个魔力圈适合于她，没有宣告任何界线：只可到这里，不可越过。[2]她可以随意在任何方向上迅速地突然出现——那魔力圈会自行调整，但仍然还在那里。她的行走就像蹒跚学步的小孩，

---

1 格里戈里·亚历山德罗维奇·波将金公爵（1739—1791）是俄国女皇叶卡捷琳娜二世的宠臣。为了隐瞒自己的管理无方，他在女皇视察的地方制造出了当地人安居乐业的假象。参见卡尔·贝克，《世界史》卷 1—12，雅各布·里斯译（哥本哈根：1822—1829），卷 11，第 207—208 页；《附言》，《文集》卷 12。

2 参见《旧约·约伯记》38：11。

但那个圈子不是用柳条编成的，而是用她的希望、梦想、渴望、愿望和焦虑编织成的——简言之，它是由她灵魂的全部内容构成的。他本人怀着精于此道的自信在这个梦幻世界中游走，使自己的尊严毫发无损，维护和坚持了他作为丈夫和主人的权威性。他似乎没有使她感到不安，这也许会在她身上唤起一种可怕的预感，这种预感或许会导致她去破解那秘密。他似乎并不那么在意那个世界，甚至也不在意她，然而，他暗地里意识到，除了他想让她得到的印象之外，她没有从他那里得到任何别的印象，他也知道，他有能力，哪怕用一个字就能打破那种迷惑力。一切可能对她产生不愉快影响的东西都已被消除了，如果有什么这样的东西出现，她会以直接交流的形式从他那里获悉，他要么是让她详细询问自己，要么是直接同她打交道，在此之后他本人或多或少会按照他想造成的印象来做出解释。他很骄傲，有着可怕的一致性；他爱她，但无法抛弃那种骄傲的想法，在夜深人静或某个游离于时间之外的瞬间，那种骄傲的想法会擅自对他说道：她的一切还都要归功于我。

实际上，无论我这里讲得有多么不完美，你不还是饶有兴趣地认真听完了我的描述吗？因为它在你灵魂里唤起了一幅你觉得相宜的图画，如果你要结婚，你也许会试图把它付诸实践的。这种婚姻，真的是幸福的婚姻吗？是的，如果那就是你想要的情形的话——但无论如何，有一种阴郁的命运就盘旋在那种幸福之上。假定他在什么事上出了错，假定她突然对什么事有怀疑——那我认为，她绝不会原谅他，因为她那骄傲的灵魂过于骄傲，以至她无法容忍那种他那么做是出于对她的爱的说法。

在这里，我希望提及一句关于已婚者之间关系的老套格言（在总体上，我总是愿意支持这场革命，或者确切地说是支持这场圣战，在其中，那些简单明了却真实丰富的对合法婚姻的表达方式，力图夺回被小说所侵略的国土）。它这样说到那些已婚的人们：他们应当生活在彼此的善意理解中。人们最常听见的是对它的否定性表达。已婚的人们不是生活在彼此的善意理解之中，于是，人们通常就会认为他们无法彼此容忍，他们要争斗和撕咬等等。现在，以肯定性的表达为例，我们在谈论的是生活在善意理解中的已婚的人们——是的，世间就是这么说的，但你大概不这么认为，因为在他们彼此不理解时，怎么可能生活在善意的理解中呢？可是，对一方来说，懂得另一方如何挂念和关心他，不是理解的重要部分吗？或者说，即使他没有剥夺她的其他东西，他也剥夺了她进行感恩的机会，这感恩是她的灵魂在获得安宁前所必需的。这难道不是一个美好的说法，一个美好而又简单的说法吗？要在善意的理解中生活，这一说法假设他们能够清楚分明地彼此理解（你看，这种婚姻术语是非常有根据的，在当今恰恰必须经常坚持的问题上不会造成很大混乱），假设这是某种不证自明的东西，正如我们从“善意的”这个被特别强调的形容词中所看到的那样，否则，只说他们应当生活在理解中就足够了。“善意的理解”——它除了意味着他们在这种理解中找到自己的快乐、安宁、轻松和共同的生活之外，还能意味着别的什么呢？

因此，你会看到，隐秘体系绝不会造就幸福的婚姻，因而，也绝不会造就一种在审美上美好的婚姻。不，我的朋友，诚实、坦率、开放、理解——这才是婚姻中的生活准则。如果没有这种理解，婚姻就是不美好的，实际上也是不道德的，因为如果没有这种理解，由爱情所联结起来的感官性的东西和精神性的东西就分离了。只有当世俗生活中与我有着最亲密关系的那个人在精神意义上也与我很亲密时，只有那时，我的婚姻才是道德的，因而，在审美上也是美好的。你们这些骄傲的丈夫们，也许会暗自满足地注视着对女人的这种征服，而你们忘记了，一个人对弱者的征服首先就是一种可悲的征服，你们忘记了，丈夫是因妻子而为自己增光的——若非如此，他就令自己陷入了可鄙的境地。

因此，理解是婚姻中的生活准则。我们经常听见有经验的人讨论，在什么情况下应当劝阻一个人结婚。让他们照他们所希望的那样去详尽地反复讨论各种细节吧——他们通常所说的毫无重要的价值。从我的角度，我只提出一种情况，那就是当个体的生活有过多的纠结，而无法表露自己的时候。如果你的内心生活史具有某种无法言说的东西，或者说，如果你的生活把你引入了某些秘密之中——简言之，如果你以这种或那种方式吞咽下一个秘密，想要让它从你这里泄露出来只有以你的生命为代价——那就绝不要结婚。否则，你就会感到自己是与一个毫不了解你内心世界的人结合在了一起，在这种情况下，你的婚姻就会是一种不美好的、不适当的结合，或者说，你会使自己和一个怀着恐惧的焦虑去理解它的人绑缚在一起，她每时每刻都会看见墙上的那些黑影。她也许不会紧紧追问你，不会过分亲近你，她会拒绝承认那种引诱她的焦虑的好奇心，但她绝不幸福，你也不幸福。是否存在着这样的秘密，是否存在着连爱情都无法开启的密封的真相，我说不出来；我要贯彻自己的原则，就我而言，我没有任何秘密瞒着我妻子。可以说，一个像那样的人绝不会想到要结婚，一个除了自己必须做的一切事情之外，还每天沉溺于自己的痛苦秘密的人，绝不会想到要结婚。[1]但这种事仍然会时有发生，像

1　有关以下一句，参见《增补》，第 377 页（《论文》卷 3-B，第 41 页，第 26 行）。

那样的人对女人来说也许具有最危险的迷惑力。

既然我现在已把隐秘性和理解当作同一个问题的两个方面提出来，而这个问题被视为爱情中最重要的事情，是维持婚姻中的审美的绝对条件，那么，我完全有理由担心，你会反对说，我似乎忘记了“我通常像一首民谣中重复的副歌一样固执坚持的东西”，即婚姻的历史性特征。不过，你仍然希望拖延时间，凭借的是你的隐秘性和你精明地、老谋深算地使之相对化了的宣言：“可是，一旦已婚的人们真的开始彻底讲述自己或长或短的历史，那么，他们很快就会说：‘哔嘀，啪嘀，啪嗒，事情的结局就是如此。’”我的年轻朋友，你没有看出，你能做出那样的指责，是因为你所处的境地不恰当。由于你的隐秘性，你的内心所具有的那个时间范畴，实际上仅仅是一个拖延时间的问题，而爱情所表露出来的，在自身之中具有一个永恒的范畴，因而，所有的竞争就成了不可能的。确实，一种武断的误解就是，把这种表露解释为似乎已婚的人们会花十几天的时间来讲述自己的人生故事，接着是一阵静穆沉默，偶尔打断这沉默的也是那些早就熟悉的故事：“正如它说到童话故事中的某个磨坊一样，‘虽然发生了所有这些事情，但磨子却一直在喀啦、喀啦地转’。”[1]

---

1 参见《增补》，第 377 页（《论文》卷 3-B，第 41 页，第 27 行）；《非此即彼》第一部，第 235 页，《文集》卷 3。

婚姻的历史性特征使得这种理解不仅是某种即刻形成的理解，也是某种持续生成的理解。这与在个体生活中的情况是相同的。当人们达到了对自己的理解时，当他们有勇气愿意观看自己时，此时，绝不意味着这故事成了过去，成了历史，因为这故事正是从此时才开始，因为它头一次获得了自己的真正意义，在这方面，每个经历过的时刻都会导回到这种总体观。在婚姻中也是如此。在这种表露中，初恋的直接性崩塌了，但它没有丧失，而是被卷入了共有的婚姻意识中去。那种历史由此开始，特定的细节也被导回到了这种共有的婚姻意识中，它的幸福（Salighed）就存在于其中，在这个词语中保留了婚姻的历史性特征，它与生活的欢乐相对应，或者说，与德国人所说的欣喜（Heiterkeit）相对应，那是初恋所拥有的。

因而，成为历史，这在实质上属于婚姻之爱，由于个体现在有了正确的态度，“汗流满面才得糊口”[1]这一命令就一点都不可怕了，也不是出人意料的消息，它感到自己所具有的勇气和力量，衬托出骑士式的爱情对非凡功绩的非凡渴望，而这勇气和力量也正是蕴含在骑士式的爱情中的真理。正如骑士无所畏惧一样，婚姻之爱也无所畏惧，尽管它必须

1　参见《旧约·创世记》3：19。

与之战斗的敌人经常都是极为危险的。这为沉思开辟了广阔的领域，不过我并不打算进入这个领域。如果骑士有权说，不敢与整个世界对抗以拯救爱人的人不懂得骑士之爱的话，那么，已婚的人就有权说同样的话。但是，我必须时刻提醒你，婚姻之爱所赢得的每一场胜利，在审美上都比骑士所赢得的胜利更美好，因为在赢得这场胜利时，他也在其中使自己的爱情得到了荣耀。婚姻之爱不会畏惧任何东西，更不用说细微的过错了；婚姻之爱并不畏惧人们小小的痴情——实际上，它们只会滋养婚姻之爱那神圣的健全品质。甚至在歌德的《亲和力》[1]中，虽然只有微弱的可能性，但奥蒂莉还是被严肃的婚姻之爱所征服了——因而，一种具有深厚的宗教和伦理基础的婚姻，对此应当具有多么大的力量。确实，歌德的《亲和力》恰恰表明了隐秘性所导致的是什么。如果不允许爱情在沉寂中成长的话，它就不会获得那种力量。如果爱德华有勇气对妻子开诚布公的话，那么，就会防止那样的事情，整个故事就会成为那出婚姻戏剧中的插曲。要命的是，爱德华和他妻子同时迷恋上了别人，但这又是沉默导致的。有勇气告诉妻子自己爱上了别人的已婚男人会得救，而他的妻子也会得救。但是，如果他没有勇气，那他就丧失

1 《作品集》，卷 17，第 78—319 页；《亲和力》，第 59—305 页。

了对自己的信心，因而，他在另一个人的爱情中所寻求的东西就是遗忘。人们终究难以自持的这种情况，很常见又很令人痛苦，因为正是对其他女人的真爱，才使一个丈夫投降。他感到已经迷失了自我，一旦出现这种情况，就需要强力鸦片制剂作为镇静剂。

我只想一般地讨论婚姻之爱必须与之斗争的各种困难，为的是表明它们并不具有什么意义。爱情在维护审美之物这一方面没有必要担心。阻碍一般都来自对历史之物的审美意义的误解，或者是来自这一习惯做法，即在浪漫主义内部仅仅具有古典主义理想，而不包括浪漫主义理想。其他很多阻碍的基础在于，虽然人们总是喜欢认为初恋是在玫瑰花上跳舞，但他们也乐于见到，婚姻之爱在每个方面都受到了欺骗，并且要同最不幸的和最令人沮丧的困难进行斗争。于是，他们也会私下认为，这些困难是不可克服的，因而他们会很快结束婚姻生活。

但在对付你时，总得要小心谨慎些。我不是在说任何特定的婚姻，因此，我可以把婚姻描绘为我所希望的样子；然而，即使我不想使自己犯下任何武断的过错，那也不意味着你将不再反驳我。例如，如果贫穷被当作婚姻必须与之斗争的一种困难，那么，我会回答说：工作吧，然后一切都会好起来的。由于你和我都在诗意的世界里活动，那么，你也许会很高兴地声明自己的诗意许可，并回答说："他们无法找到工作，商业和航运的萧条已使很多人都失去了工作。"或者说，你会允许他们做一点工作，但那还不够。如果我现在认为他们会过节俭的日子，你就会制造借口说，正因为情况惊人地复杂，粮食价格才会那么高，他们绝对不可能弄到足够的东西来渡过危机。我非常了解你。你从编造那种口实中获得了巨大的快乐，你在为此消遣了很长时间后，就会在某种评论的基础上与和你交谈的人或在场的其他人卷入冗长的闲聊，与最初的话题完全没有什么关系。你喜欢突然把一种诗意的随想变成一种现实，然后详细阐述它。如果你以上述那种方式与别人而不是与我交谈（因为你经常避开我），那么，你也许还会对高粮价加以评论说："多高的价格啊！想想一磅面包要花八个先令！"如果有幸碰到一个在场的人回答说，那是绝对不可思议的，那么，你会告诉他说，在奥拉夫[1]饥荒时期，一磅面包——而且是树皮面包——要花旧丹麦币八个半先令，如果考虑到那时的人没有多少钱，人们就会很快理解这是怎样的处境了。然后，如果你促使那个同你交谈的人开了口，你就会欣喜若狂。最初开始交谈的那个人则徒劳地试图使你恢复理性。一切事情都被混淆了，

1 奥拉夫是1086—1095年间在位的丹麦国王。在他统治期间出现了一场大饥荒。

你会使诗歌世界中的一对夫妇变得不再幸福。

这就是与你打交道非常困难的原因。如果我要如履薄冰般地冒险，试图虚构一种成功地经历了很多苦难的婚姻，一种在与苦难进行的斗争中获胜的婚姻，那么，你会非常平静地回答说：是的，那不过是诗歌而已，在诗歌的世界里，人们很容易变得快乐；那是人能为自己做的最微不足道的事情了。如果我拉着你的手到处走，让你去看那美好的仗已经打过了的真实的婚姻生活，[1]那么——如果你心情不错——你会回答说："是的，那太好了。诱惑物外在的部分可以具体化，但内在的不可以，我认为，诱惑物本身并不具有内在的力量，否则的话，它就会变得无法忍受。"说得就好像是，诱惑物的真正意义在于人们必须屈从于它。但是，那已经够了。一旦你想让自己沉湎于这种任意性的魔鬼之中，那就没有止境，正如你意识到了自己所做的一切一样，你同样也意识到了这种任意性，并且十分得意于动摇所有的基础。

我可以非常粗略地把这些困难划分为外在困难和内在困难，而且我们要一直记住这种划分的相对性，因为在与婚姻相关的那些地方，一切东西都是内在的。那么，首先讨论外在的困难。在提到所有那些压抑的、羞辱的、令人烦恼的

1 参见《新约·提摩太后书》4：7。

有限麻烦时，我完全没有任何疑惑或担心——简言之，所有那些加在一起就成了一部催人泪下的（weinerlich）戏剧。无论是在这里，还是在其他任何地方，你和你那类人都极其武断。如果像这样的一部戏迫使你们去游历各种不幸的洞穴的话，那么，你们会说这是丑陋缺乏美感的、哭号的和无聊的。你们在这方面是对的——但是，为什么？因为使你们感到愤慨的是，某种高贵和崇高的东西屈从于这样的事情。然而，如果你和你那类人转向现实世界，在那里碰到一个家庭，哪怕那个家庭只经历过一半逆境——这个剧作家（同时也是刽子手）为了从折磨他人中获得那种（专为独裁者保留的）淫荡的快感而想出来的那些逆境中的仅仅一半——你们也会发抖，你们也会想要向所有审美上的美好告别。你们感到了怜悯，你们愿意帮助别人，不是出于任何别的理由，只为了驱走这些阴郁的想法，但至于那个不幸家庭本身，你们早就对其绝望了。但是，如果这是生活的真实境况，那么，诗人确实就有权去描绘它，而且描绘它是完全正确的。

当你们坐在剧院里，陶醉于审美的愉悦时，你们有勇气要求诗人让美学战胜所有的不幸。这是剩下来的唯一安慰，而且更加懦弱的是，你们把它当作一种安慰，对你们来说，生活没有提供考验你的力量的机会。于是，你们陷入穷困和不幸，正像戏剧里的男女主人公一样，但你们也有怜悯和勇气，有迸发出雄辩之辞的口才（os rotundum），以及有力的手臂。你和你的同类胜利了。你为那个演员鼓掌，那个演员就是你自己，观众的掌声是给你的，因为你才是那个主角和演员。在梦幻中，在审美的朦胧世界里，你们都是主角。我并不那么关心剧场，就我所知，你和你那类人都像你一样喜欢嘲笑。就让那些戏剧主角屈从吧，否则就让他们得胜，让他们沉入地底，或者消失在无限的高度——我不为所动。但是，如果实际上如你在生活中宣扬的那样，不用费多少周折就能使一个人成为奴隶，就令他低着头走路，令他忘了他是按照上帝的形象被创造出来的，那么，这也许就是对你的公正惩罚：所有剧作家什么都不写，只写一些使人流泪的作品，尽可能充满焦虑和恐惧，不让你那软弱的躯体靠在有靠垫的剧院椅子上，不让你陶醉于超自然的力量，却要让你感到惊恐，直到你终于能够在现实世界里相信那些你原本只在诗歌里面才愿意相信的东西为止。

在我自己的婚姻中，我承认没有经历过多少那样的逆境——我很乐意承认这一点。因此，我无法根据体验来谈，但我无论如何都相信，没有任何东西能够破坏人类的审美，这种信念那么有力，那么神圣，那么热烈，以至我就像得

---

1 参见贺拉斯，《诗艺》，第 323 页；《著作集》，第 693 页，《完美的言辞》；洛布，第 476—477 页。（字面意思为“圆的口形”。——编者注）

到了恩典的礼物那样要为此而感谢上帝。当我们在《圣经》中读到上帝给予人类的许多恩典之时，我实际上也把这一点算在了其中——充满乐观的勇敢，对现实和美好会胜利的永恒必然性的信念和信仰，对蕴含在个体把自己的心力献给上帝之自由这一行为中的神圣性的信念和信仰。这种信念是我整个心理倾向的一个组成部分，由于这个原因，我不让自己在剧院里借人为的刺激来耗神地、放纵地颤抖。我唯一能做的事情，就是要为我灵魂中的这种沉着冷静而感谢上帝，但在这么做时，我也希望拯救自己的灵魂，不要白白接受上帝的恩典。

你知道，我多么讨厌所有想象性的建构，[1]但同样也很真实的是，人们可以在思想中体验很多东西，那是他们在现实中从来没有经历过的。有时，会出现各种沮丧的时刻，如果不是个体为了主动考验自己而引起的沮丧，那么，这也是一场斗争，是一场非常严肃的斗争，通过斗争，人们可以获得一种非常有意义的确信，哪怕这确信不具有在现实生活情境中的那种实在性（Realitet）。生活中偶尔有这样一些情况，此时可以发现，一个人身上会出现某种重要的、确凿的标志，即他仿佛发了疯，他未曾把诗的世界和现实世界分

1 参见本书 158 页注释 1。

开，而是在诗歌的视角下（sub specie poeseos）看待现实世界。[1] 路德在一篇布道词中谈到贫穷和需要时说过：人们从来没有听说过一个基督徒死于饥饿。[2] 路德以此结束了这一话题，他肯定有理由认为，他是怀着极大的怜悯在谈这一点，而且是为了真正达到教诲的目的。

现在，就婚姻所涉及的这种性质的外在磨难而言，所要做的事情当然是要把它们变成内在磨难。虽然我说了"当然"，并且相当大胆地说到了整个问题，但我毕竟只是对你说到了这一点，我们两人同样都或多或少经历过这种逆境。如果人们希望保持审美，那就是一个把外在磨难转化为内在磨难的问题。或者，我仍然在使用"审美"这个词语，这是否使你困扰？或者，我想在贫穷和痛苦之中寻找审美，这在你看来是不是一种幼稚病？或者，你是否会可耻到按照那种使人反感的划分法，把审美赋予贵族和权势者、富人、有教养的人，而至多把宗教之物给予穷人？好吧，我倒不相信，穷人会因这种划分法而感到痛苦，难道你就没有发现，如

1　参见《非此即彼》第一部，第 39 页，《文集》卷 3。

2　参见《在圣三一主日后第七个礼拜天的布道词（关于〈新约·马可福音〉8：1—9）》，丹麦语版本见《一个基督徒的布道词——马丁·路德的教堂及家庭布道词集》卷 1—2，欧根·蒂斯特德译（哥本哈根：1828），卷 1，第 441 页；参见《路德在圣三一主日后第十二个礼拜天第一篇传道福音书》，约翰·尼古拉斯·伦克尔译（明尼阿波利斯：1904），第 222 页。

果穷人真的拥有宗教之物，那也就拥有审美，而没有宗教之物的富人，也就没有审美吗？然后，我在这里只提到了极端的情况，往往还有那些无法被划分为穷人的人们，但他们在生计方面也有麻烦。此外，其他尘世的烦恼，例如疾病，也是所有阶层共有的。但我相信，有勇气把外在磨难转变为内在磨难的人，实际上已经克服了磨难，因为依靠信仰，甚至在受难的时刻也能产生“化体”。

那些对自己的爱情有足够多的记忆、在危急时刻有足够勇气的已婚男人会说：“最重要的问题不是我要去哪里和花多少精力去寻找金钱，首要的是我的爱情，即我是否与她保持着一种纯洁而诚实的爱情契约。”那些在没有太多内心斗争时就能迫使自己这样做的人，要么是在初恋的青春活力之中，要么是在由体验所获得的自信之中，造成了这种变化——那个人取得了胜利；他在自己的婚姻中保持着审美，即使他没有可以居住的三个小房间。不可否认（你那狡猾的才智很快就会明白这一点），把外在的精神磨难内在化，有可能使问题变得更加艰难，然而，诸神并不会免费出卖伟大的东西，[1]在这之中恰恰存在着婚姻中有教益的、理想化的方面。

因而，人们经常说，如果一个人在世界上独处，就很

1 参见赫西俄德，《劳作与时日》，第289—290页；《赫西俄德、荷马颂诗及其他》，休斯·G. 埃维林－怀特译（洛布，纽约：1914），第25页：“可是，在我们与

容易承受所有这类事情。这在一定程度上很可能是真实的，但在这种说法中经常隐藏着一个巨大的错误，即一个人为什么更容易承受——因为他可以更容易使自己跌倒，可以损害自己的灵魂而不会牵涉到其他人，可以忘却上帝，可以让绝望的暴风雨淹没痛苦的尖叫声，可以在内心变得迟钝，几乎能以像鬼魂一样活在人类中间为乐。诚然，每一个人即使独处，也应该注意他自己，但只有去爱的人，才对自己是谁和自己能干什么有恰当的了解，只有婚姻能够给人以历史性的忠诚，那完全像骑士式的忠诚一样美好。换言之，一个已婚男人绝不会像这样做人。无论世界多么强烈地反对他，即使他暂时忘却了自己并且感到十分轻盈，因为绝望几乎要使他漂浮起来；即使他感到非常强壮，因为他已经啜饮了用挑战与沮丧、懦弱与骄傲调和成的使人麻醉的酒；即使他感到那么自由，因为把他同真理和正义联结在一起的纽带似乎要松开了，而且他现在体验到了从善良变为邪恶是多么迅速——但他仍然会很快返回到那条老路上去，作为一个已婚男人（Ægtemand）来证明自己是一个真正的（ægte）男人。

那么，有关这些外在磨难就说这么多。我只是简要地写

善之间，诸神安排了我们额头上的汗水……”参见第 327 页。

到了它们，因为我不认为自己有权威去讨论它们，因为要恰如其分地这么做需要一种复杂的论证。然而，我的结论是：如果爱情能够维持下去的话——这是有可能的，上帝会保佑我！——那么，审美之物也可以维持下去，因为爱情本身就是那审美之物。

另一些反对意见主要是由于误解了时间的意义和历史性的审美效力的意义。它们因此涉及每一桩婚姻，可以在总体上加以讨论。我现在就要这样做，在我进行概括时，我会尽量不忽视攻击方的观点和辩护方的观点。

你要点名指出的第一件事就是："习惯，不可避免的习惯，这种致命的单调性，婚姻家务这种可怕的、一成不变的生活中所具有的持久的同一性（Einerlei）。我热爱自然，但我是第二自然的憎恨者。"必须承认，你懂得如何怀着诱人的热情和悲哀去描述人们仍然在探索的幸福时刻，懂得如何怀着焦虑和恐惧去描绘它结束的时刻。你懂得如何把婚姻的一致性阐述到可笑和可厌的地步——这种一致性甚至是自然都不可能比拟的。"因为在这里，在自然中，正如莱布尼茨早已表明的，没有任何东西是一模一样的；这样的一致性只是为理性生物而保留的，要么是他们厌倦的结果，要么是他们迂腐的结果。”[1] 我无论如何都无意否认那是一段美好时光，一段永远不会被忘却的时光（请注意我是在哪种意义上才能够这么说的），那时，个体在情欲之爱的世界中为那些早已被发现了的事物感到震惊和快乐，当然，他也许经常听说和读到过它们，但现在他才第一次带着出乎意料的十足热情和无可估量的亲近感去欣赏它们。那是一段美好的时光，从最初对爱情的暗示，最初的相见和所爱对象最初的消失，这种声音最初的和声，最初的一瞥，最初的握手，最初的亲吻——直到最初完全相信拥有之时。那是一段美好时光——最初的不安，最初的渴望，由于她没有到来的最初的痛苦，由于她不期而至的最初的快乐——然而，这绝不意味着随之而来的时光不那么美好。你幻想自己拥有这样一种骑士般的心态——检查一下自己吧。当你说最初的吻是最甜蜜、最美好的时候，你是在侮辱爱人，因为那时正是时间及其资质，才赋予了那个亲吻以绝对的价值。

但现在，为了避免对我为之辩护的事业造成伤害，你必须先给我做一点说明。那就是说，如果你不希望一意孤行，你就必须像你挑剔婚姻那样以同样的方式挑剔初恋。那就是

---

1 威廉法官（克尔凯郭尔为本书塑造的叙述者身份，即全书中的“我”——编者注）援引的对莱布尼茨的看法。参见莱布尼茨，《人类理解新论》，卷 2，第 27 章，第 1—3 页；《著作集》卷 1，第 277—278 页；《人类理解新论》，彼得·雷姆兰特和乔纳森·贝内特译（剑桥：剑桥大学出版社，1981），第 229—231 页。

说，如果它要在生活中延续下去，它就必须面临同样的灾难，并且远远没有婚姻之爱所具有的伦理和宗教资源来同它们对抗。为了保持一致，你因此就必须憎恨所有想成为永恒之爱的爱情，你因此就必须持守那种某一片刻的初恋。然而，真正说来，这样一种初恋所具有的乃是一种内在的、幼稚的永恒。一旦你懂得了那是一种幻觉，它对你来说就结束了，除非你想再次努力进入相同的幻觉之中，而这是一种自相矛盾。或者说，有可能是，你非凡的智力与你的贪欲巧妙结合到了如此地步，以至你完全忘却了自己欠了别人的东西？即使绝不可能像第一次那样重复，你是否认为，仍然存在着一种可以容忍的逃避办法，人们可以通过体验别人身上的幻想而返老还童，因而享受到其幻想的处女腰带尚未解开时的那种个体原初性中的无限和新奇？这样的事情暴露出了一个人的绝望与堕落，而既然它们暴露出一个人的绝望，那么，确实不可能在这里找到有关生活的启蒙。

我现在必须反对的第一件事，就是你自认为有权使用“习惯”这个词语来指称那种一切生活与爱情所具有的典型特征，即重复发生。“习惯”一词只能用来说明邪恶，人们要么用它来表明某种本身就邪恶的东西的持续性，要么用它来表明某种本身无辜之物的顽固重复，那种无辜之物由于这种重复而变得有点邪恶。因此，习惯总是表明了某种不自由的东西。然而，正如人们只有在自由时才可能行善一样，人们也只有在自由中才可能保持善，因此，我们绝不能说习惯与善的东西有关。

其次，我也必须反对你在刻画婚姻的一致性这一特征时，所宣称的在自然中找不到与它相似的任何东西这种说法。这的确相当真实，但这种一致性可能恰恰是对某种美好东西的表现，在某种程度上，人们可能非常骄傲地成为它的发明者。因此，在音乐中，一致的韵律可能非常美好，具有极好的效果。

最后，我想说，如果在婚姻生活中完全无法避免像那样的一种单调，如果你是诚实的，那么，你就一定会看出，我们的任务就是要克服它，那就是说，在它之中维护爱情（Kjærlighed），而不是感到绝望——因为那绝不是一项任务，那是一条轻松的出路。我很乐意承认，只有那些发现了这一任务的人，才能抓住它。

但现在，让我们更仔细地考察一下这种广为人知的一致性的情形。你的错误，也是你的不幸，在于你总是过分抽象地思考每件事情，对爱情也是如此。你想到了对爱情的要素进行小小的总结；如你自己也许会说的那样，你想到了爱情的各种范畴。对此，我愿意承认你在范畴方面发现了一种不同寻常的完整性。你在一种要素中，即诗意之物中，具体地考量各个范畴。接着，当你在想到与此并列的长时段的婚姻时，你就发现了一种令人吃惊的不连贯性。你的错误在于，你没有历史地进行思考。如果一个体系学家要思考相互作用这个范畴，充分地、娴熟地按逻辑来阐述它，但如果他再加上“世界若要完成其永恒的相互作用，就需要花费一整个永恒（那么久的时间）”这句话，那么，你肯定不可能否认，人们有理由嘲笑他。好吧，其实这就是时间的意义，而且这就是生活于其中的人类和个体的命运。因此，如果你除了说“这是不可忍受的”之外没有任何别的话可说,那么，你最好去找另一批听众。现在，这是一个非常恰当的回答，但为了避免你有机会说，“其实你基本上同意我的看法，但你认为最好要服从不可改变的东西”，我将试图表明，之所以我认为最好去服从它，不仅因为它是一种责任，而且因为服从它确实是最好的。

但是，让我们从一个有代表性的方面开始讨论吧。你肯定不怕达到顶点之前的时间；相反，你喜欢这段时间，而且通过大量的反思，你总是努力使再现的时刻变得比原来更长久，如果有人在这个时刻想把你的生活简化为一个范畴，那么，你将会大为愤慨。在达到顶点之前的那段时间，使你感兴趣的不只是那些主要的、瞬息的遭遇，而且也有每一件琐事，然后，你懂得如何最动听地言说那个向聪明通达人藏起来的秘密，[1]即最微小的就是最伟大的。但是，一旦到达了顶点，那么，一切都确实改变了，那么，一切都会枯萎，完全变成一种枯竭的和毫无活力的缩略形式。是的，就是这样。这被视为植根于你天性中的东西，它仅仅是征服性的，而无法去拥有什么东西。现在，如果你不再以所有的武断和片面性坚持认为，这毕竟是你特有的方式，那么，你确实必须宣布暂时休战，解散队列，这样，我就能前来看看它在哪种程度上是真实的，如果实情如此，那么，其中在多大程度上存在着真理。如果你不愿意,那我就不再为你而自讨苦吃，去想象一个像你那样的人，现在继续平静地进行我的活体解剖。然而，尽管如此，我确实希望你有足够的勇气亲自接受这种解剖，真正有足够的勇气让你自己接受解剖——而不只是在模拟的人像中（in effigie）进行。

毕竟，通过坚持认为你自己就是这样特立独行的，你由此也就承认了别人可能是不同的。我不敢有更多的断言，因为很有可能的是，你是一个正常人，尽管你焦虑地秉持着自己特立独行的作风，尽管这焦虑让你显得特立独行。然而，你是怎样看待别人的？当你看到一对生活在一起的夫妇时，你会认为他们是在最可怕的厌烦之中拖延，是在“神圣的习

1　参见《新约·马太福音》11：25。

俗和情欲之爱的圣典所具有的最单调乏味的重复”中拖延，不错，你那时内心中有一团怒火，一团要毁灭他们的怒火。这对你来说并不是某种任意的东西。你确实是有道理的，你确实有权让嘲讽的闪电打击他们，让愤怒的雷霆恐吓他们。实际上，你确实毁灭了他们，并不是因为你喜欢这样做，而是因为他们理应遭此下场。你对他们做出了判决，但除了向他们要求某种东西之外，难道“判决”还意味着别的什么吗？而如果你无法要求它，如果要求不可能的东西是一个矛盾，那么，对他们做出判决肯定就是一个矛盾。你已经出了错，你已经提出了一条自己不愿承认的律法，却要强加于他人，不是吗？然而，你不乏沉着镇静；你认为：“我并没有指责他们，没有非难他们，没有评判他们——我为他们感到遗憾。”

可是，让我们假设那些相关的人们完全没有觉得厌烦。这时，一丝自满的微笑掠过你的嘴唇，一个聪明的主意使你感到吃惊，无疑也会使与你交谈的人吃惊：“如我所说，我为他们感到遗憾，因为他们要么感到了极大的厌烦，在这种情况下我为他们感到遗憾，要么他们就没有意识到这一点，在这种情况下我也为他们感到遗憾，因为那样的话，他们实际上处在非常不幸的幻觉之中。”这大概就是你回应我的方式，如果有几个人在场的话，你的自信就不会不显现出来。

但是，现在没有人在听我们说话，所以，我可以继续这种探讨。好吧，随便你在两种情况下都为他们感到遗憾吧。

现在，只存在着第三种可能性，即人们知道婚姻就是那样，所幸还没有进入其中。然而，这种情况对那个感受到了爱情，然后理解了它不可能实现的人来说，显然是令人遗憾的。最终，前面描述的以自私手段竭力摆脱这种沉船事故的那种人的情况，也是令人遗憾的，因为他确实让自己扮演了一个强盗和暴徒的角色。所以，虽说婚姻已经成了一些事情的幸福结局的普遍表现形式，婚姻本身的结局却并不非常幸福。这使我们想到了整个这种讨论的真正结果普遍上都是令人遗憾的，但这样一种结果却是自相矛盾的，等于说生活发展的结果就是倒退。通常，你并不害怕前进，在这里也许会说："不错，有时的确如此；当路面很滑且人们逆风而行时，前进的结果经常就是倒退。"

但是，我要反过来考虑你的精神（aandelig）气质。你认为，你有一种征服的天性，而不能去拥有。你在这么说时，大概没有想到你已经说了一些毁谤自己的话；相反，你倒觉得比别人优越。让我们更加仔细地考察一下这一点。什么更费力——上山还是下山？假设坡度相同，下山显然更费力。每个人几乎天生都喜欢爬山，而大多数人都对下山有某种焦虑。相似地，我也认为，更多的是有着征服天性的人，而不是天生擅长拥有的人，如果你觉得比很多已婚的人和“他们愚钝的满足”优越，那么，这在某种程度上肯定是对的，但你当然不会向比你低下的人学习。在很大程度上，真正的技巧与天性背道而驰，同时并不因此抵消天性，同样可知，真正的技巧是在拥有中而不是在征服中显现出来的；换言之，拥有是一种反向的征服。在这句话中，你已经觉察到了技巧与天性在哪种程度上是彼此对立的。擅长拥有的人确实有某种东西，某种在征服中所缺乏的东西——事实上，如果要严格地使用这些表达的话，人们就可以说，只有那拥有着的人才是在征服着。现在，你也非常有可能认为你确实能拥有，因为你的确有那种拥有的时刻，但这不是拥有，这在更深刻的意义上不是拥有。例如，如果我要想象一个征服了各个王国和国家的征服者，他确实拥有了那些被征服了的领地，他拥有巨大的财富，然而，人们会把这样一个君主叫作征服之君，而不是拥有之君。只有当他以智慧把那些国家引向对它们来说最好的方向时，只有那时，他才拥有了它们。在一种征服的天性中很难发现这一点，一般来说，这样的人缺乏拥有所需要的谦恭、虔诚和真正的人性。你可以看出，这就是我在解释婚姻与初恋的关系时强调虔诚要素的原因，因为虔诚的要素会推翻征服者，让拥有者涌现出来；这就是我把婚姻模式称赞为“为了最高尚和最持久地拥有而设计的模式”的原因。

在这里，我要提醒你想一下你经常到处乱说的一句话：“给定的东西不是最好的，最好的是获取的。”因为一个人身上的征服天性和他进行的征服，实际上是给定的，而他拥有的和想要拥有的，才是需要获取的东西。征服需要骄傲，拥有却需要谦卑；征服需要暴力，拥有却需要耐心；征服需要贪婪，拥有需要一点满足；征服要求吃喝，拥有要求祈祷和禁食。然而，我在这里所使用的所有属性，确实是无可非议的，全都可以用来描述征服的天性，绝对适合于自然的人，但自然的人并不是最高的。具体地说，拥有并不是一种精神性的死亡和无效的现象（Schein）——哪怕这两者是具有合法地位的——而是一种持续的获取。你在这里可以又一次发现，拥有的天性内在地具有征服的性质。换句话说，他的征服就像一个农场主不是让自己凌驾于雇工之上并把邻居赶走，而是靠挖掘土地来进行征服。因此，真正伟大的并不是征服，而是拥有。现在，如果你在这个问题上说：“我不想确定哪一个更伟大，但我确实愿意承认，有两大类不同的人；每个人都必须确定自己究竟属于哪类人，要小心不让自己被某些鼓吹改变信仰的人彻底改变。”我当然知道你的最后一句话有点针对我。不过，对此我要回答说，最后那句话中所说的那种人不仅比另一类人更了不起，而且在他身上存在着另一类人所没有的意义。这个人既有从句，也有作为主句的部分；那另一类人只是一个从句，而在本该是主句的地方却被换上了一个可疑的破折号，如果你还不懂的话，我将在其他时候向你解释其意义。

现在，如果你不管好坏都要坚持宣称，你在天性上确实是征服性的，那么，这对我来说没有任何差别，因为你无论如何都必须向我承认，拥有比征服更伟大。当一个人在征服时，他会不断忘却自己；当他拥有时，他会不断回想自己——不是当作一种无聊的消遣，而是尽可能以严肃的态度。在他上山时，他只注意自己的目标，在他下山时，他必须小心翼翼，注意重心与支撑点之间恰当的关系。

但是，接着往下说。你也许会承认，拥有比征服更加艰难，因而拥有也比征服更加伟大："如果只允许我征服，那我就不会那么小气，而是相反，我会非常慷慨地称赞那些有耐心去拥有的人，尤其是他们被证明愿意与我携手去拥有我所征服的东西。是的，它更伟大，却并不更美；它越是伦理的，就越能赢得一切荣耀，但它也越少是审美的。"

让我们在这个问题上尽量多一点相互理解吧。真实的情况往往是，在很多人当中都存在着一种误解，他们混淆了审美意义上的美与可以用审美意义上的美来表现的东西。这可以轻而易举地用如下事实来解释：大多数人在阅读、观赏艺术作品等等时都要寻求审美上的满足，这是灵魂的需要，然而，相对来说很少有人能够在实际生存中欣赏美，很少有人能够用一种审美的眼光来看实际的存在，而不仅仅享受那种诗意的再创造。

但是，审美表象总是要求在刹那（Moment）间聚精会神，这种聚精会神越是丰富，审美效力就越强。而且这样，只有这样，那种幸福的、不可言喻和无限丰富的刹那——简言之，“那一刹那”——才获得了其效力。这要么是一个注定了的时刻，通过唤醒存在的神圣这个观念而使整个意识震颤，要么，这个时刻预先设定了一种历史。在第一种情况下，它以令人震惊抓住了人；在第二种情况下，它确实是一种历史，但艺术的呈现却无法在这一点上逗留，最多只能暗示它，然后又匆匆赶向下一个时刻。它投入其中的越多，就越能成为艺术的。如某个哲学家说过的，大自然走最短的路，[1]甚至可以说，它根本没有走过任何道路，它一下子就到那里了——转瞬之间；如果我要忘我地凝视苍穹，那我并不需要等着无数天体形成，因为它们全部都在那里了——转瞬

1 例如，可参见莱布尼茨，《论形而上学》，卷22；《著作集》卷2，第826页；《论形而上学，与阿尔诺的通信，单子论》，乔治·蒙特戈麦旦译（芝加哥：1931），第39页：“因为在相同介质之中，射线也始终保持着相同的正弦比例，这与介质的阻力相一致，看来它们都采取最便捷的路线，或者说至少为了从一种介质中给定的点通往另一介质中给定的点，那是最明确的路线。”

之间。然而，历史之路正如律法之路那样，极为漫长[1]而又艰难。因此，艺术和诗加入进来，为我们缩短那路途，使我们在圆满的时刻感到欣喜；它们把广泛延展的东西（det Extensive）聚集在密集激烈的东西（det Intensive）之中。然而，将临之物的意义越大，历史的过程就越慢；但那过程本身越有意义，这一点也就越加明显：目标也是道路。

就个体生命而言，有两种历史——外在的历史和内在的历史。这里的两条河流，流向相反的方向。第一种历史，外在的历史具有两个方面。个体并没有他为之努力争取的东西，而历史就是他在其中获取自己努力争取之物的斗争本身。或者说，个体有着这一目标，却无论如何都无法拥有它，因为一直都有某种外在的东西在妨碍他。因而，历史就是他在其中克服那些障碍的斗争本身。另一种历史，内在的历史开始于拥有，而历史成了他借以进行获取拥有的过程。因此，在第一种情况下，历史是外在的，它试图争取的东西存在于外部，历史并不具有真正的实在性

---

1 例如，可参见延斯·巴格森，《凯隆堡编年史》，载《延斯·巴格森丹麦文著作集》卷 1—12（哥本哈根：1827—1832），卷 1，第 245 页：

> 人们仍不能确切知道
> （因为律法之路那么漫长）
> 它会转向哪个角落。

（Realitet），[1] 诗和艺术的表象完全在于缩短它，从而尽快到达那密集激烈的时刻。

为了把握住我们最为关注的这个主题，让我们想象一种浪漫之爱。想象一位杀死了五头野猪、四个矮人的骑士，他把三个王子从咒语中拯救出来，他们是他所仰慕的那位公主的兄弟们。对浪漫的心态来说，这个故事具有其完美的实在性。但是，对艺术家和诗人来说，有五头还是只有四头野猪无关紧要。总的来说，艺术家比诗人受到更多的限制，但就连后者也对仔细描绘在杀死特定的每头野猪时所发生的事情毫无兴趣。他迫不及待地赶往那个时刻。也许，他会减少数目，以诗意的密集激烈性把焦点集中在艰辛和危险上，加速奔向那个时刻，即拥有的时刻。对他来说，整个历史过程是次要的。

但是，当问题涉及内在的历史时，每个很小的时刻都极为重要。内在的历史是唯一真实的历史，而真实的历史要同历史之中的生活原则进行斗争——同时间进行斗争，但当人们与时间进行斗争时，暂存的和每个很小的时刻由此就具有了其巨大的实在性。无论在哪里，只要个体性的内在发育和绽放还没有开始，无论在哪里，只要个体性依然还闭合着，

1　参见 13 页注释 1。

那就是一个外在历史的问题。然而，一旦个体性开始生发出花蕾，可以说，内在历史就开始了。

现在想想我们的出发点，即征服的天性与拥有的天性之间的差异。征服的天性是不断外在于自身的，拥有的天性却是内在于自身的。因此，前者具有一种外在的历史，后者则具有一种内在的历史。然而，由于外在的历史可以被不加以任何损害地聚焦，所以，艺术和诗歌自然会选择它，接着就会为了表象而选择尚未开放的个体性和与它有关的东西。诚然，人们说爱情使个体性开放，但如果照浪漫主义那样去理解爱情，就不是这样，因为爱情只被带向了认为它应当开放的那个点，并在那里终止了，或者说，它正要开放，却被打断了。然而，如果说有什么不同，就如外在的历史和封闭的个体性会成为艺术和诗歌所描写的最直接的主题一样，因而，任何构成这样一种个体性内容的东西，也将成为它们的主题。但是，所有这些基本上都是属于自然人的东西。

举几个例子。人们很容易就可以把骄傲描绘出来，因为骄傲的实质不是持续性，而是那一刻的密集激烈性。很难描绘谦卑，恰恰因为它是持续着的。观察者只需要在骄傲达到顶点时去看它，而在另一种情况下，他确实需要去发现诗歌和艺术无法提供的东西，去发现谦卑在持续不断地生成，因为对谦卑来说重要的是不断生成，如果要在它的理想时刻向观察者表明这一点，他就会错过某些东西，因为他感到，它真正的理想状态并不在于它在那一刻是理想的，而在于它是持续的。在那时刻可以把浪漫之爱描绘得非常好，却无法把婚姻之爱描绘得很好，因为一个理想的丈夫并不是只有那么一次在其生活中是理想的，而是每天都那样。如果我希望描绘一个征服了许多王国和国家的英雄，我可以把那一刻描绘得很好，但在诗歌和艺术中绝不可能把一个每天都背负着十字架的人描绘得很好，因为问题在于他每天都这么做。如果让我想象一个失去了自己生命的英雄，在那一刻可以集中精力做到这一点，但却无法想象日常的死亡，因为问题在于，它每天都在发生。在那一刻可以很好地把注意力贯注于勇气，却无法贯注于耐心，正因为耐心将与时间抗争。你会说，艺术无论如何都已把基督描绘成了耐心的形象，成了肩负着世界上一切的罪的形象，宗教诗歌把生活的所有痛苦都集中在一个杯子里，并在某一刻让一个个体把它一饮而尽。这是真的，但这是因为它们几乎都是在空间上聚焦于它。然而，任何对耐心有所了解的人都很明白，它真正的对立面不是痛苦的密集激烈——因为那时所需要的是更接近于勇气（Mod）的一种东西——而是时间，真正的耐心（Taalmod）是与时间抗争的耐心，或者说实质上是长久忍耐（Langmod），但不可能对长久忍耐进行艺术的描绘，因为问题在于这长久忍耐与艺术之间不可通约；它也不可能被诗化，因为它要求拖延时间。

我在这里还想说的是，你可能会把一个贫穷的已婚男人视为美学祭坛上微不足道的献祭，如果你和所有的美学祭司都对此不屑一顾，那么，我肯定懂得如何安慰自己，况且，我所带来的并不是只有祭司才能吃的无酵饼，[1] 我带来的是家里做的面包，它们就像家里做的所有食物一样，是朴素的、没有加调料的，但却是有益健康的，并且是有营养的。

如果人们辩证地、尽可能历史地追溯审美意义上的美的东西的发展，就会发现，这种发展是从空间范畴向时间范畴演变的，艺术的日渐完美伴随着逐渐使自身脱离空间而转向时间的可能性。如谢林早就指出的，[2] 这构成了从雕塑向绘画的转变，以及这种转变的意义。音乐把时间当作自身的要素，但毫无时间中的持续性，其意义是在时间中不断消失；它在时间中发出声音，但声音却消失了，毫无持续性。最终，诗歌成了所有艺术中的佼佼者，因此，也成了最懂得如何证实时间之意义的艺术。它不必像绘画那样把自身限制在绘画的那一刻，它也不像音乐那样毫无踪迹地消失。但是，尽管

1 参见《旧约·利未记》24：9；《新约·马可福音》2：26。

2 参见弗里德里希·威廉·约瑟夫·冯·谢林，《论视觉艺术与自然的关系》（1807），《哲学著作》（兰德夏特：1809）卷1，第364—365页。

如此，正如我们已经看到的那样，它也不得不聚焦于那一刻。因此，它有自身的局限，如前文表明的，它无法描绘时间上的延续性——而关键却正在于此。此外，时间得到了证实，这并不是对审美之物的贬低；相反，这一点越是凸显，审美理想就越是丰富和圆满。

即使对诗歌中所进行的描绘而言，审美之物也是不可通约的，那么，审美之物如何可以被表象出来呢？答案是：通过生活来表象。[1]因此，它与音乐有相似之处，音乐之所以存在，仅仅是因为它不断地被重复，它只存在于被表演的那一刻。这就是我在前面要求当心混淆审美之物和在诗歌创作中可以从审美上进行描绘的东西的原因。我在这里所谈到的一切，肯定都可以从审美上加以描绘，但未必都可以在诗歌创作中加以描绘；唯一的办法就是使它具有生气，在现实生活中实现它。审美之物以这种方式提升了自身，使自身与生活一致，因为正如诗歌和艺术在某种意义上与生活完美地达成了一致，然而，在另一种意义上，它们又与生活相敌对，因为它们只协调了灵魂的一个方面。

在这里，我达到了审美之物的巅峰。事实上，具有谦卑和勇气的人足以让自己从审美上被改变，他感到自己现在是

1　参见《增补》，第 378—379 页（《文集》卷 3-B，第 41 页，第 28 行）。

神正在编写的戏剧中的角色，[1] 在其中，诗人和台词提示者并非不同的人，在其中，个人作为经验丰富的演员体验到了自己的性格，其台词没有受到提示者打扰，相反，他感到自己想说的话正是被提示给他的话，因而，人们几乎分不清，到底是他把话语放进了提示者的嘴里，还是提示者把话语放进了他的嘴里。在最深刻的意义上，他感到自己在进行创造和被创造；在那个时刻，他感到自己的创造具有台词原有的感染力；在那个时刻，他感到那被创造出来的自己，具有捕捉每一种声音的情欲之耳——他独自在审美中达到了真实存在的极致。

但是，这种历史甚至对诗歌来说也是不可通约的，而这就是内在的历史。它在自身之中具备理念，正因为如此，它

1 参见谢林，《先验唯心论体系》（图宾根：1800），第 436—437 页；《先验唯心论体系》，彼得·劳克伦·希思译（夏洛特维尔：弗吉尼亚大学出版社，1978），第 210 页：

> 如果我们把历史视为一出戏，其中的每个人都相当自由地和随自己高兴地扮演自己的角色，那么，只有当每个人都说着自己的话，只有在剧作的每个部分都成为个别的演员时，在它事先已经使整体的客观结果与每个参与者自由的表演非常和谐时，这场混乱的戏才可能合理地发展，某种合理的东西在其结束时肯定会显露出来。但是，如果剧作者要完全独立于其剧作而“存在”的话，那么，我们就只成了说着他所写的台词的演员。如果他“没有”独立于我们而存在，而是通过我们的自由表演而不断地暴露和表露自己，如果没有这种自由，即使他本人“不会”，情况也是如此，那么，我们就只是整体的合作者，并让自己创造了我们扮演的特定角色。

才是审美的。因此，如我已表示过的，它开始于拥有，其过程就是获取这种拥有。它是一种永恒，那暂存的东西并没有作为一种理想因素而消失在这永恒中，而是在其中作为一种现实因素而不断呈现。因而，当耐心在忍耐中获得了自身时，[1]它就成了内在的历史。[2]

现在，让我们思考一下浪漫之爱与婚姻之爱的关系，因为征服的天性与拥有的天性之间的关系完全不再是什么障碍了。浪漫之爱本身一直是抽象的，如果它无法找到任何外在的历史，那么，等待着它的就是死亡，因为它的永恒是虚幻的。婚姻之爱开始于拥有，并且获得了一种内在的历史。婚姻之爱是忠实的——浪漫之爱也是忠实的，但现在需要标示出其间的差异。

一个忠实的浪漫恋人等待着，比如说等了十五年，然后，等到了回报他的那个时刻（Øieblikke）。在这里，诗歌非常适时地觉察到，十五年可以轻而易举地聚焦在一刻，现在，它匆匆赶到了这个时刻（Moment）。一个已婚男人忠实了十五年，然而，在这十五年期间，他已经在拥有着了。因此，在这个漫长的时期里，他不断获取他已经拥有的忠实，因为

1 参见《布道词十八篇》，《文集》卷 5。

2 参见《断片》，第 76 页，《文集》卷 7。

婚姻之爱在其自身之中就有初恋，因此，他也不断获取着初恋的忠实。但是，无法描绘这种理想的已婚男人，因为问题在于不断延伸的时间。在这十五年的终结处，他比起开始的时候似乎毫无进步，然而，在很大程度上，他一直审美地生活着。对他来说，他所拥有的并不是死气沉沉的资产，相反，他一直在不断地获取着其所拥有的。他没有与狮子和巨人搏斗，而是在与最危险的敌人战斗，那就是时间。但现在，与骑士所遭遇的情况不同，永恒并非在这之后才到来，因为那已婚者已经在时间中拥有了永恒，已经在时间中保存了永恒。因此，只有他才战胜了时间。人们也许会说到骑士消灭了时间，正如那些认为时间毫无实在性的人总想消灭时间一样，而这绝不是真正的胜利。像真正的胜利者一样，已婚男人并没有消灭时间，而是拯救了时间并把它保存在了永恒之中。这么做的已婚男人确实在诗意地生活着，[1]他解开了那个伟大的谜语，为了生活在永恒之中，为了聆听座钟的钟声以这样一种方式敲响：它的敲击声没有缩短，而是延长了他的永恒。这是一种深刻的矛盾，与中世纪故事里描写的那种为人熟悉的情景相比，同样深刻，但要光荣得多。那个中世

---

1 参见《讽刺》，《文集》卷2，讨论了弗里德里希·施莱格尔在《露辛德》中对“诗意地生活着”的看法（柏林：1799）；《弗里德里希·施莱格尔的〈露辛德〉和断片》，彼得·法尔乔译（明尼阿波利斯：明尼苏达大学出版社，1971）。

纪故事写到了一个可怜的人，他在地狱里醒来后大叫道："什么时候了？"对此，魔鬼回答说："永恒！"[1]既然无法从艺术上描绘这一点，那就让它作为对你的安慰，就像它也是对我的安慰：我们不应去读到、听到或者看到生活中最高尚和最美好的东西，而是，如果你愿意的话，应在生活中去体验它。

因此，当我欣然承认浪漫之爱比婚姻之爱更适合于艺术描绘时，这完全不意味着浪漫之爱比婚姻之爱要缺少一些审美意味——相反，它更具有审美意味。在浪漫派最出色的一个故事中[2]有个人物，他与同他一起生活的其他人不一样，他毫无写诗的欲望，因为那是浪费时间，而且剥夺了他真正的快乐；相反，他想生活。因此，如果他对何为生活具有一种更可靠的观念的话，那么，他就会成为我的同路人。

这么说来，婚姻之爱有其时间上的敌人、时间上的胜利、时间上的永恒，因此，即使我想象所有这一切外在和内在的考验都不存在，那么，它也始终有它自身的任务。一般来说，它的确有那些考验，但如果人们要恰如其分地看待它们，就必须注意两件事：它们始终都是内在的资质，而且，它们在自身之中始终都具有时间的资质。也由于这个原因，

---

1 参见《日记与论文》卷 1，第 831 页（《文集》卷 1-C，第 80 页）。

2 施莱格尔《露辛德》中的尤利乌斯。参见前面的注释。

这种爱情显然不可能被描绘。婚姻之爱总是向内运动，并在时间中耗尽自己（在好的意义上）；与此相反，凭借“再现”从而得到描绘的东西，则必须被诱发出来，而且其时间必须被缩短。用来刻画婚姻之爱的那些形容词可以进一步使你相信这一点。那就是忠实、持久、谦恭、耐心、长久忍耐、宽容、坦诚、易知足、机警、坚毅、心甘情愿、快乐。所有这些美德都有一个特点，即它们都是个体内在的资质。个体并不与外在的敌人对抗，而是与他自己斗争，要努力将爱情带到他自身之外。所有这些美德都具有时间的资质，因为它们的真实性并不在于它们是一劳永逸的，而在于它们是持续不断的。有了这些美德，并不意味着获取了任何别的东西，获取的只是这些美德本身。因此，婚姻之爱既是普通的——你经常如此嘲讽地称呼它——也是神圣的（在希腊的意义上），它的神圣之处就在于平凡。婚姻之爱没有外在标志，没有幸运鸟在一旁喧嚷奔忙，[1]但它却是一颗安静的心所具有的不可亵渎的天性。[2]

关于那天性，你和所有那些具有征服天性的人都一无所知。你们从来不在自身之中，而是不断处于外部。确实，只

1 参见奥伦施莱格尔的《乌鸦》，《诗歌》，第88—89页；蒂勒，《童话作品集》，卷3，第150页。

2 参见《新约·彼得前书》3：4。

要你的每根神经在跳动，你要么就是在暗中勘察，要么就是在行进——此时你的意识淹没在内心的军乐声中。好吧，在你看来只有这种时候你才活着。然而，当战斗取得了胜利时，当最后一轮射击的最后回声消失时，当迅捷的念头像传令官冲回总部报告说胜利属于你时，是的，那时你会不知所措，那时你不知如何开始，因为那时你头一次站在了真正的开端。

因此，你所憎恨的、婚姻中不可逃避的、被称作习惯的那种东西，根本就是婚姻的历史性特征，对你那反常的眼睛来说，它具备了如此恐怖的面貌。

但是，你往往认为，被与婚姻生活不可分割的那种习惯所破坏，甚至亵渎了的东西，都是些什么呢？一般来说，你是指“那些可见的、神圣的情欲象征，像一切可见的象征一样，它们并非自在自为地具有意义，它们的意义取决于施行它们所需的精力、艺术上出色的技艺与鉴赏力——这些确实也是一种天赋。看到婚姻生活中一切事情在发生时所具有的那种迟钝感觉，多么令人作呕，多么肤浅，它们发生得那么冷漠，几乎像钟的敲击声一样。这就像耶稣会士在巴拉圭发现的部落里的情形一样，那个部落是那么冷漠，以至耶稣会士发现有必要在半夜敲钟，以愉快地提醒所有已婚的男人注意自己的婚姻义务。通过这样的方式，经过训练，一切事情都发生在恰当的时候。”

现在让我们在此达成一致，在我们思考时完全不让自己受到世界上存在的那么多荒谬可笑和错误的东西打扰，只看是否有这个必要，如果有必要的话，就向你学习如何从中获得解脱。在这个方面，我肯定不敢对你期望过高，因为你在不断斗争，不过是在另一种意义上，就像那个西班牙骑士，[1] 为一段过去的时间而斗争。由于你实际上是为了那一刻而与时间作战，所以，你其实总是在为已经消失了的东西而战。

让我们提出一种观点，一种出自你的诗歌世界，或者出自初恋的真实世界的表达。恋人们彼此“相视”。“相　视”——你非常善于在词的中间加上空格隔开，[2] 从而赋予它一种无限的实在性、一种永恒。现在，一对共同生活了十年的夫妇，每天都彼此相见，但未必在这种意义上彼此相视，可是，难道他们不能深情地彼此注视吗？在这里，我又碰到了你那老旧的异端邪说。你偶尔把自己的爱情限制在某个年龄，把对一个人的爱局限于非常短的时间，于是，像一切具有征服天性的人一样，为了进行实验，你必须补充材料，但这是对情欲之爱的永恒力量最深刻的亵渎。这确实令

1　指堂吉诃德。克尔凯郭尔有M. 德·塞万提斯·萨维德拉的《堂吉诃德》卷1—4，夏洛特·多罗西亚译（哥本哈根：1776—1777）；《堂吉诃德》卷1—2，海因里希·海涅译（斯图加特：1837）。

2　参见《书信》第15封信，《文集》卷25。

人绝望。无论你在这个问题上怎样颠倒黑白，你都必须承认，任务就是要在时间中保持爱情。如果这是不可能的，那么，爱情就是一种不可能性。你不幸的根源在于，你把爱情的实质简单地置于那些可见的象征物之中。如果一再重复它们，而且请注意，带有一种病态的考虑，考虑它们是否一直具有初次偶然出现时的那种实在性，那么，难怪你会很不安，难怪你会把这些象征和“示意姿态”，同那些人们不认为“即使重复十遍也是令人愉快的”（decies repetita placebunt）事情归为一类，[1] 因为如果赋予它们效力的条件在于它们是初次存在的，那么，重复就确实是一种不可能性。然而，真正的爱情具有完全不同的价值，它可以在时间中起作用，因此，也能使自身在这些外在符号中获得新生，并且——这是我的主要观点——对时间和对重复之意义有着一种完全不同的观念。

我在前面已经提出了这一看法，即婚姻之爱在时间中有其斗争，在时间中有其胜利，在时间中有其祝福。那时，我只是把时间当作简单的过程来思考，现在很明显的是，时间不只是一个在其中保持原初之物的简单过程，而是一个原初之物在其中得到增长的生长进程。你凭借自己的观察力，

1 参见贺拉斯，《诗艺》，第 365 页；《著作集》，第 696 页；洛布，第 480—481 页。

肯定会同意我的总体看法，即把人们分成两大类：主要生活在希望之中的人们，以及主要生活在回忆之中的人们。[1]这两种人都表现出一种与时间的不恰当关系。

健康的个体同时生活在希望与回忆之中，只有这样，他的生活才具有真正的、实质性的持续性。因此，他有希望，他不愿意像那些只生活在回忆中的人们一样让时光倒流。那么，回忆对他来说有什么作用，既然回忆肯定会产生某种影响？它会在那一刻的音符上标一个升号，回忆追溯得越远，重复越是频繁，升号就会越多。例如，如果他在今年经历了一次情欲之爱的时刻，那么，这就会因他对前一年中的那种时刻的回忆而得到加强。

在婚姻生活中，也可以用一种很漂亮的方式找到对此的表述。我并不知道这个世界现在处于什么时代，但你和我确实都知道，我们习惯于说最初到来的是黄金时代，接着是白银时代，然后是青铜时代，再就是黑铁时代。[2]在婚姻中正好相反——先是银婚，然后是金婚。或者说，回忆并不是这种婚礼纪念日中的真正要点，然而，婚姻里的术语宣称这样的婚礼纪念日甚至比最初的婚礼更加美好。但是，一定

1 参见《非此即彼》第一部，第 222—226 页，《文集》卷 3；《重复》，第 131—133 页，《文集》卷 6。

2 参见赫西俄德，《劳作与时日》，第 109—179 页；洛布，第 11—17 页。

不要误解这一点，不要像你可能想说的那样：“那么，最好是在婴儿时期就结婚，以便立刻开始银婚，并且有机会成为第一个在婚姻生活词典中创造新的标志性术语的人。”你自己很可能看出了你的笑话中的谬误是什么，我不会再在这上面逗留。不过，我确实想要提醒的是，个体不只是生活在希望中，他们经常同时拥有希望与回忆。在最初的婚礼上，希望具有与最后一次婚礼纪念日上的回忆相同的效果。希望萦绕着它,如同充满那一刻的对永恒的希望一样。你会想到，如果一个人结婚只是希望得到一场银婚，就这样一再地希望着度过了二十五年，在第二十五年快要到来时，他已经没有权利再去庆祝银婚了，因为他没有任何东西可以追忆，因为一切都在这种不断地进行希望的过程之中崩溃了——你也会发现这一点是有道理的。附带说一下，按照常见的言说和思维方式，我常常感到奇怪的是，单身状态为什么毫无这样的节日可过，一个庆贺周年纪念的单身汉反倒会被嘲笑。原因一定在于，人们通常认为，单身状态从来都不可能真正理解那种真正当下的时间，而这种真正当下的时间是希望与回忆的统一体，因此，通常都以希望或回忆为基础。然而，这反过来说明，像通常理解的那样，婚姻之爱也具有与时间的这种恰当关系。

但是，婚姻生活中还有别的一些东西，你用“习惯”这个词语来称呼它们："单调性、完全缺乏重要事件、在空虚中持续，这些都意味着死亡，甚至比死亡还要糟糕。"你知道，有一些会被最微弱的噪音弄得心烦意乱的神经过敏患者，哪怕有人蹑手蹑脚地从地板上经过，他们都无法思考。你有没有注意过，还有另一种神经过敏？有些人非常衰弱，以至需要很大的噪音和干扰的环境才能工作。如果他们不是在相反的意义上缺乏自控力，那么原因是什么？当他们独处时，他们的思绪就会漫游到远处的绿野，然而，当有噪音和混乱围绕着他们时，他们反倒确立起了自己的意志。这就是为什么你惧怕安宁、静谧和休息。只有在有对立面时，你才会进入自己的内心之中，但正因此，实际上你从来就没有进入过自己的内心，你总是处于内心之外。也就是说，只有在你同化了对立面的那一刻，才会重获安宁。因此，你不敢这么做，结果将是你与对立面面对面相处，最终你也没有处于自身之中。

当然，在这里，早先与时间有关的问题同样存在。你外在于你自身，因而不能没有他者作为对立面。你认为，只有躁动不安的精神才是活的精神，而一切有经验的人都认为，只有安宁的精神才是真正活着的精神。对你来说，波涛汹涌的大海是生活的一种象征；对我来说，那生活的象征则是宁静深邃的水。我经常坐在流淌的小溪旁。它总是流着同样的溪水，唱着同样的柔和旋律，水底有同样的绿色植物随着宁静的涟漪波动，同样微小的生物在水底游动，一条小鱼悄悄溜进了水草丛中，摆动着尾巴逆流而上，藏身在一块石头下面。多么一致，而变化又是多么丰富！婚姻的家庭生活也是如此——宁静、朴实、活跃。它没有太多的变动（changements），然而，它就像那条溪水一样流淌着，它就像那条小溪一样唱着旋律，使那个了解它的人感到亲切，之所以使他感到亲切正因为他了解它。它不耀眼，然而，它经常具有的那种光泽，却没有打扰它正常的秩序，正如月光照着水面，展示出它弹奏旋律的乐器一样。

婚姻的家庭生活就是如此。但要这样看待它并要这样生活，要以我马上提到的一种品质为先决条件。奥伦施莱格尔有一首诗,我知道你不止一次对它大加赞赏。为了保持完整，我把它抄了下来：

为了确保爱之热情的完整，
有多少人间的事情必须结合起来！
彼此的激情首先要考验两颗心灵，
然后是优雅和美丽，以及一个纯粹的灵魂，
然后是月光穿过山毛榉树丛洒下，
春天以温柔的和风向大地致意，

然后相聚，没有危险或猜忌，

然后拥抱，还有那——天真无邪。[1]

你向来喜欢赞美情欲之爱（Elskov）。我并不想剥夺那本就不属于你的财富，因为它毕竟属于诗人，但你无论如何都盗用了某些东西。不过，由于我也盗用了它，那就让我们分享它吧——你得到了整首诗，我得到了最后一句：还有那天真无邪。

最后，婚姻生活还有一个方面，它经常为你提供进行攻击的机会。“在婚姻之爱内部隐藏着某种完全不同的东西。虽然婚姻看起来显得那么文雅、美丽和温柔，但只要夫妇关上门，人们还没来得及说句话，出来的就是埃里克老爷，然后，语气就转向了责任和义务。现在只要你愿意，就可以为我装饰这根权杖，把它变成忏悔节的桦树枝，但它仍然是一个埃里克老爷。”[2]我在这里要讨论这种反对意见，因为它实质上是以误解婚姻之爱的历史性为基础的。你想让神秘

---

1 奥伦施莱格尔，《儿童的自由之歌》，载《北方诸神》（哥本哈根：1837），第272—273页；《北方诸神》，威廉·埃德蒙·弗莱译（伦敦、巴黎：1845），第243页。参见《两个时代》，第44页，《文集》卷14。

2 装饰过的桦树枝也叫作“埃里克老爷”，孩子们在忏悔节的星期一用它来唤醒自己的父母。（这段文字里的“埃里克老爷”指藤条或其他棍棒类的东西，代指义务。——编者注）

力量或反复无常成为爱情（Kjærlighed）的组成要素。一旦意识出现，这种魔法就消失了，而婚姻之爱具有这种意识。粗略地说，你向我们展示的不是乐队指挥的指挥棒（其运动标志着初恋的优雅舞步的节拍），而是义务所具有的那令人不快的警棍。首先，你得向我承认，如我们已经达成一致的，只要婚姻之爱自身之中具有的初恋保持不变，那么就谈不上义务严格的必要性。因此，你不相信初恋的永恒。你看，在这方面我们又谈到了你那老旧的异端邪说，正是你经常把自己确立为它的骑士，然而，你现在又不相信它——确实，你亵渎了它。结果，由于你不相信它，你就不敢卷入这样一种关系：当你不再愿意（volens）时，仍旧迫使你不情愿地（nolens）处于其中的关系。显然，爱情对你来说不是至高无上的，否则只要有一种力量能使你处于其中的话，你就会很高兴。你也许会回答说，这种办法根本就不是办法，但我应该就这种看法指出，那完全取决于如何看待这个问题。

结果，这成了我们不断回归的问题之一，你，仿佛违背了自己的意愿并且不完全清楚它是如何发生的，而我，充分意识到了问题在于，初恋或浪漫之爱中虚幻的或幼稚的永恒，一定会以这样或那样的方式取消自身。正因为你现在力图将它保持在这种直接性中，力图欺骗自己相信真正的自由在于让自己处在自身以外，在于陶醉在各种梦想里，你惧怕这种变形（Metamorphosen）。这也是它没有如其所是地显现，却以包含着初恋之死的某种完全异己的东西出现的原因，因此导致了你对义务的憎恶。因为这一点如果不是早已存在于初恋的胚胎中的话，那么，它的外表自然是非常令人不舒服的。然而，婚姻之爱的真相并非如此，在它自身之中早已有了道德上和宗教上的义务，当义务本身向它们显现时，义务并不是一个陌生者、一个不知羞耻的局外人，义务不是这样一种权威，以至为了保守爱情的秘密，人们不敢让它出现在门口。不，它像一个老相识、一个朋友、一个知己一样到来，拥有最深层的爱情秘密的恋人们都认识它。义务所说出来的都不是新东西，而是熟悉的东西。个体谦卑地俯伏于义务之下，却也因此提升了他们自己，因为他们确信，义务吩咐他们去做的正是他们自己希望做的，而它吩咐他们去做不过是用了一种更加庄严、更加高尚、更加神圣的方式。义务所表达的是，他们的希望能够实现。对他们来说，义务鼓励性地说出这些话是远远不够的，“这是能够做到的，爱情可以被保持”。因为义务应当这样说，“爱情当被保持”，在此有一种暗含的权威性，对应于他们希望的内向性。爱情驱逐了恐惧，[1]但如果爱情仍然在某个时刻

1　参见《新约·约翰一书》4：18。

为自身担心，为自身的得救担心，那么，义务正是爱情所需要的那种神圣营养，因为义务会说，“勿惧怕，你当（skal）征服”——不是用将来时态说这种话，因为那样的话就只是一种希望，而是使用祈使语气，其中有着一种不可动摇的信念。

因而，你把义务视为爱情之敌，而我则认为它是爱情之友。也许，你会对这种解释感到满意，并以你一贯的挖苦语气，祝贺我有了一个既有趣又不同寻常的朋友。然而，我对此一点都不满意，宁愿把战火引到你的领土上去。一旦义务出现在意识之中，成了爱情之敌，那么，爱情就得去征服义务，因为你肯定不愿意让爱情成为这样一种软弱之物，以致它无法战胜任何敌手。然而，你一方面认为，如果义务将自身显现出来，那么，爱情就终结了，另一方面又认为，义务迟早都不可避免地会出现，不仅会出现在婚姻之爱中，也会出现在浪漫之爱中。你实质上惧怕婚姻之爱的原因在于，其中具有的义务如此重大，以至它确实出现时，你却无法逃避它。与此相反，你认为在浪漫之爱中一切都井然有序，因为提到义务时，爱情就结束了，义务的出现，就成了你礼貌地鞠躬逃离的信号，或者说，正如你自己曾经说过的那样，你把逃离视为你的义务。

你在这里又可以看到，你对爱情的赞颂出了什么问题。

如果义务是爱情之敌，如果爱情无法征服这个敌人，那么，爱情就不是真正的胜利者。由此而来的结果就是，你肯定使爱情陷入了无助的境地。一旦你接受了“义务是爱情之敌”这个令人绝望的观点，那么，你的失败就确定无疑了，你不仅贬低了爱情并剥夺了它的尊严，而且对义务也做了同样的事情，虽然你想贬低的只是后者。你看，无论你是感到了其中的痛苦，还是在绝望中试图尽力忘却它，这都令人绝望。如果你无法把审美、伦理和宗教视为三个重要的盟友，如果你不懂得如何维护在这些不同领域里获得的不同形态背后具有的统一性，那么，生活就毫无意义，人们也一定会完全同意你那可怜的理论，即对任何事情都可以说：做，或者不做——在两种情况下你都会感到后悔。[1]

与你不同，我并没有悲哀地感到自己被迫开始一场反对义务，而且结局注定不幸的战斗。对我来说，义务并不是某种与爱情不同的气候，而应该说，义务使爱情变成了真正温和的气候；对我来说，爱情也使义务变成了真正温和的气候，这种统一性是完美的。然而，为了使你真的明白你那理论是错误的，我要在这一点上多说几句，并且请你想一下一个人究竟何以认为义务是爱情之敌的。

1　参见《非此即彼》第一部，第 38—39 页，《文集》卷 3。

想象一下一个已婚的人，他从来没有正确地与伦理之物达成妥协，而那伦理之物却暗含在婚姻之中。他满怀着年轻人的全部激情去爱，又突然受到一种外在环境的刺激而怀疑他所爱的人，但此时，他也受到义务纽带的约束，他有可能想到，他实际上仅仅因为那是他的义务才仍然爱着她。他确实处在与前面提到的情景相似的处境之中。对他来说，义务似乎是与爱情相敌对的，但他确实在爱着，对他来说，他的爱情的确至高无上，所以，他努力的目标就是要征服这个敌人。结果，他会爱着她，不是出于义务的要求，也不是用义务所能提供的适量（quantum satis）的“寒酸标准”来爱她；不是，他会以自己的整个灵魂、自己的全部力量和自己的全部能力去爱她；[1] 他甚至会在义务允许他不再去爱——如果这是可能的——的那一刻仍爱着她。

你很容易看出他思维中的混乱。他做了什么？他以自己的整个灵魂爱着她，但这正是义务所要求的。不要让我们被那些人的说法弄糊涂了，他们认为，在婚姻关系中，人们的义务只是一系列仪式性的规定。然而，义务仅仅意味着一件事，那就是要真正地去爱，以最内在的心灵去爱；义务就像爱情本身一样变化多端，义务将任何属于爱情的东西宣称为

1　参见《新约·马太福音》22：37；《新约·马可福音》12：30。

神圣的、善的，并抨击任何不属于爱情的东西，无论后者多么美丽诱人。因此，你可以看出，上述那个已婚男人也采取了一种错误立场，但正因为在他身上具有某种真理性的东西，他所做的不多不少恰好就是义务所要求的，即便他不希望只做义务所要求的事情。不过从本质上来说，他所多做的，无非是他做了这种事；因为我所能多做的，始终无非是我做了义务所命令的。义务仅仅下命令，不可能做更多。我所能多做的，无非是做义务所命令的，而在我做的那一刻，在某种意义上就可以说，我多做了一些事情；我把义务从外在转变为内在，那么，我就超越了义务。

由此，你可以看出，在精神的世界里有着无限的和谐、智慧和连贯性。当人们从某个特定的问题出发，带着真理与活力平静地去追求它时，如果其他的一切看起来都与它相矛盾，那么总会使人失望；而如果一个人认为自己是在竭力证明其中的不和谐，那么，他就是在证明它是和谐的。因此，我们一直在谈论的那个已婚男人，会毫发无损地从中脱身，他应当受到的唯一惩罚就是，义务因他缺乏信心而小小地戏弄了他一下。义务始终都是与爱情一致的。如果你像他那样把它们分开，想把部分变成整体，那你就会不断处于自相矛盾之中。那就像有人要把“be”这个音节中的字母“b”和“e”分开一样，然后想抛开“e”，坚持认为“b”就是整体。但在他发音时，他也要说出“e”。真正的爱情就是这样：它不是哑巴，不是某种抽象的无法表达的东西，但也不是一种软弱、摇摆的不确定之物。它是一种表达清晰的声音，是一个音节。如果义务是艰难的，哦，好吧（eh bien），那爱情就会发出它的声音，使它成为现实，因此也会比义务做得更多；如果爱情要变得软弱以致无法保持稳定，那么，义务就会为它确立边界。

现在，如果你对“义务是爱情之敌”这个观点持有上述的立场，如果这不过是一种幼稚的误解，那么，你就像我们谈到过的那个人一样。但你的观点除了是一种误解，还是一种有罪过的误解。这就是你不仅贬低义务，而且也贬低爱情的原因；这就是义务显得是一个不可征服之敌的原因，正因为义务热爱真正的爱情，在道德上憎恶虚假的爱情——甚至要毁掉它。当个体站在真理一边时，他们只会在义务中去发现永恒的标志，即通往永恒的道路是为他们准备的，那是他们渴望走的道路。他们不仅被允许走那条路，而且被命令走那条路，在这条路上，可以看到一种神圣的天意，它不断地向他们显示着前景，在所有危险的地方放上路标。一个真正爱着的人怎么会不愿意接受一种神圣授权呢？它神圣地表达了自身，不只说“你也许会”，而且也说“你当要（skal）”。在义务中，一切道路上的阻碍完全为恋人们扫清了，因此我认为，用语言来表达义务要用将来时态，以便由此表明历史性。

现在，我已经结束了这一小小的阐述。想必它真的给你留下了印象，你感到一切都颠倒了，然而，你却不可能完全使自己下定决心反对我的说明的连贯性。不过，如果我在一次交谈时说出了这一切，那你难免会挖苦我，说我在布道。但你仍旧不能指责我的陈述犯有这样的错误，这个陈述符合对你这样麻木的罪人谈话时应有的样子。至于你的演讲和你的智慧，它们经常使我想起《传道书》（*Prædikers Bog*），人们也许真的会认为，你偶尔会从中选择自己要用的文本。

不过，我还是要让你自己给我一个机会来说明这个问题。一般来说，你并不蔑视伦理，在你抛弃它之前，你确实是被逼到了一个特定的地步。只要你有某种办法能使伦理站在你这一边，你就会这么做。"我没有在任何方面看不起义务"——演讲越温和，对义务的中伤就越微妙，这就是此类演讲通常的开始方式。"我从来不这么想，但首要的是让我们不要混为一谈——义务是义务，爱情是爱情，就是这样，首要的是，不要将二者混为一谈。或者说，婚姻不正是唯一一种具有这种雌雄同体、模棱两可性质的畸形之物吗？其他一切事物要么就是义务，要么就是爱情。我承认，一个人的义务是要在生活中寻找一种特定的工作，我把忠于职守视为他的义务；在另一方面，当他违背自己的义务时，那就要让他受到应得的惩罚。

“这就是义务。我自己承担起它是为了做某件特殊的事情，我能明确地约定我在义务上承诺要去履行的东西是什么。如果我没有这么做，那么，我会面临一个权威来强迫我履行。而在另一方面，如果我与另一个人结成了亲密的友爱关系，那么，爱情在其中就成了一切。我不承认任何义务，如果爱情已经结束，那么，友爱关系也就结束了。把自身的基础放在某种不合理的东西之上，这样的事只是为婚姻而准备的。然而，把自己托付给爱情意味着什么？边界在哪里？我什么时候才能完成自己的义务？更准确地说，我的义务在哪些方面？在有疑问时，我能向谁咨询？如果我无法尽到义务，强迫我的权威在哪里？国家和教会确实设置了一些界限，但即使我没有走向极端，我就不能因此成为一个坏丈夫吗？谁会惩罚我？谁会为那个成为受害者的她挺身而出？”

答案是：你自己。不过，在我继续理清你把自己和我都引入其中的混乱之前，我必须发表一点评论。在你的说明中，经常有某种程度的模棱两可，这对你来说是实质性的，是你的特点。可以说，你所说的那些话，无论是最轻浮的人抑或最悲愁的人都说得出来。你自己完全意识到了这一点，因为这是你用来欺骗别人的手段之一。你在不同时间说同一件事，把强调的语气放在不同位置上，你瞧——整个事情就不同了。如果有人指责你说的话与从前不一样，那么，你会非常平静地回答说：在字面上不是一样吗？

然而，这就够了。现在让我们分析一下你对义务和爱情的划分。那句格言，历经数个世纪流传下来，并且常用来指称罗马人精明的政治：分而治之（divide et impera）。[1] 在更加深刻的意义上，可以说这是一个理解的过程，因为狡猾的政治明显要借这种手段进行划分和确保自己的统治，因为原本在联盟中战无不胜的力量现在被划分和疏离了，相互抵消，而“理解”却保持着支配地位。所以，你认为，生活的其他一切部分都可以在义务或者它的对立面范围内进行解释，从来没有任何人想到运用另一种标准，而婚姻自身却因这种自相矛盾成了罪魁祸首。你以职业为例，认为这是一种说明纯粹义务关系的非常恰当的例子。实情绝不是这样。如果一个人把自己的职业只视为他在特定时间和地点所要完成的任务的总和，那么，他就贬低了他自己、他的职业和他的义务。或者说，你认为，这种观点有利于一个好公务员吗？那么，哪里还存在着使一个人怀着热情投身于职业的空间？

1　参见本书 143 页注释 1。

哪里还存在着使他怀着热爱去爱自己职业的空间？或者说，什么法庭会监督他呢？或者说，这不正是义务要求他的吗？国家难道不是把作为公仆而不具备义务感的人都视为公务员，充分利用这种单调的工作并为此提供报酬，但在另一种意义上却认为他们是不称职的公仆吗？现在，即使国家不会明确地这么说，那也是因为它所要求的是某种外在的东西，某种容易感觉到的东西,然后才预设其他方面的东西。然而，在婚姻中，内在是首要的，是某种无法展示或指出的东西，但它的表现形式正是爱情。因此，它被作为义务来要求，我从中看不出任何矛盾，即便是没有人监督的环境也没有关系，因为他确实能监督自己。现在，如果你坚持提出这种要求，那么，这或者是因为你想利用它来逃避义务，或者是因为你对自己感到害怕，甚至愿意被认为没有处理自己事务的能力，但这肯定是同样错误的，同样应该受到指责。

正如我已经提过的，如果你支持我在前面的讨论中所提出的观点，那么，你很容易看出，在维护爱情义务的内在性时，我不会像人们有时做的那样怀着极大的焦虑，他们平庸的审慎态度首先消灭了直接性，然后，到年老时又让自己服从义务。有些盲目的人十分激烈地嘲弄纯粹自然的东西，十分愚蠢地称赞义务，似乎像这样义务就可以成为不同于你所描述的某种东西。谢天谢地，我不知道有这样的差别。

我没有带着自己的爱情逃到荒野和沙漠中去，在那里孤独得找不到出路，我也没有问我的邻居和邻居的邻居该怎么办，而这样的与世隔绝和这样的特殊主义是同样错误的。普遍有效的东西，乃是义务；在这方面，我不断地在自己面前留下脚印（impressa vestiga）。我也感到，有些时候，唯一的拯救就在于让义务发言，正确而有益的做法是让它自己进行惩罚，不是以一种自虐者（heautontimoroumenos）[1]的悲观懦弱的方式，而是带有全部的严肃和坚定。但是，我并不惧怕义务，它对我来说并不是敌人，没有妨碍我去希望在生活中保留片刻欢乐和幸福，它对我来说乃是一个朋友，是我们爱情中首要的、唯一的知己。然而，能够一直保持开放的视野，乃是义务所给予的祝福，浪漫之爱则由于其非历史的特点而走入了歧途，或者说停顿了下来。

我已经说了出来，我使我的灵魂解脱了（Dixi et animam meam liberavi），[2]这并不是说，仿佛我的灵魂现在

---

1 罗马剧作家泰伦提乌斯（前195—前159）一出戏的标题。参见《诸阶段》，《文集》卷11。

2 参见《旧约·以西结书》3：19，21。（此句常用于天主教忏悔中，句中liberavi也作salvavi，此时可译为“我救了我的灵魂”，参天主教思高本。——编者注）

才从诱惑中摆脱出来，在这种持久的倾吐中刚刚得到了放松[1]——不，这不过是一次健康的呼吸，我的灵魂在其中享受到了自由。如你所知，拉丁文的“呼吸”是 respiratio，而这个词表示的是吸入先前被呼出的气。在呼吸之中，生物享受着自由，因此，我也在这种写作中享受到了自由，这种自由是我每天都拥有的。

现在，好好准备接受这里向你提出的久经考验的建议吧。如果你觉得它过于琐碎而感到不满的话，那么，就看看你自己是否可能准备得更好，看看你是否忘记了某一条预防的措施。[2]塞尔维亚人有一个传说，是关于这样一个巨人的：他有着巨大的食欲，当这巨人来到一个贫穷农夫面前，想分享农夫的午餐时，农夫把家里不多的食物都拿了出来。那巨人早已对食物虎视眈眈，并正确地猜测到，如果他真的把食物吃完，还是同样会感到饥饿。他们坐到了桌边。农夫绝不认为食物不够他们两人吃。巨人把手伸向食物，农夫打断他说：我家的习惯是吃饭从祈祷开始。巨人认同了，瞧，食物供他们两人吃都够了。[3]

1　参见《恐惧与颤栗》，第 27 页和注释 2，《文集》卷 6。

2　有关本节的更多讨论，参见《增补》，第 379 页（《论文》卷 1-C，第 82 页）。

3　《塞尔维亚童话故事》，F. H. v. d. 哈根编（普伦茨劳：1826）。

我已经说了出来，我使我的灵魂解脱了（Dixi et animam meam liberavi），对她来说也是如此，我还是一直以初恋的青春活力爱着她；我也使她感到自由——不是说她事先似乎被束缚着，而是说她很高兴与我自由自在地在一起。

在接受我的问候的同时，也请你像通常那样，接受她的始终友好和诚挚的问候。

从我们在这里见面后，已经过去很久了。我可以从字面和比喻两种意义上这么说，因为在两个星期中，我虽然在这封代表了一切的（instar omnium）信上度过了自己的每个夜晚，但我却以某种方式不断看见你在这里同我在一起；然而，即便是在比喻的意义上，我也不是在自己家里或自己的房间里看见你，你在我的门外，我几乎想用扫帚把你从那里赶走。我不会为完成这项任务而感到后悔，我知道你也不会对我的行为感到生气。然而，我像往常一样，甚至更愿意看见你与我们在一起，无论是在字面意义上，还是在比喻意义上。我说这些话时带着一个丈夫的全部骄傲，感到自己有权使用“与我们在一起”这个正式的说法；我说这些话时带着全部诚挚的敬意，“与我们在一起”的任何人总会相遇。请接受下个礼拜天的邀请，不是一个家庭“永远”的客套邀请，而是一整天都恭候你到来的邀请。只要你愿意来就来吧——我们始终都欢迎你；只要你想留就留下吧——你始终都是一个使人着迷的客人；只要你高兴走就走吧——请你始终都带上我们最美好的祝愿。[1]

1 参见《增补》，第 379 页（《论文》卷 3-B，第 41 页，第 29 行）。

图书在版编目（CIP）数据

婚姻的审美效力 /（丹）索伦·克尔凯郭尔著 ；阎嘉译．--北京 ：外语教学与研究出版社，2020.7
ISBN 978-7-5213-2041-1

Ⅰ．①婚… Ⅱ．①索… ②阎… Ⅲ．①克尔凯郭尔（Kierkegaard, Soeren 1813–1855）– 哲学思想 – 文集 Ⅳ．①B534–53

中国版本图书馆 CIP 数据核字（2020）第 165225 号

出 版 人　徐建忠
策 划 人　方雨辰
项目统筹　张　颖
项目编辑　张　舒
特约编辑　简　雅　王文洁
责任编辑　徐晓雨
责任校对　黄雅思
装帧设计　方　为
出版发行　外语教学与研究出版社
社　　址　北京市西三环北路 19 号（100089）
网　　址　http://www.fltrp.com
印　　刷　山东临沂新华印刷物流集团有限责任公司
开　　本　787×1092　1/32
印　　张　7.5
版　　次　2020 年 10 月第 1 版　2020 年 10 月第 1 次印刷
书　　号　ISBN 978-7-5213-2041-1
定　　价　52.00 元

购书咨询：（010）88819926　电子邮箱：club@fltrp.com
外研书店：https://waiyants.tmall.com
凡印刷、装订质量问题，请联系我社印制部
联系电话：（010）61207896　电子邮箱：zhijian@fltrp.com
凡侵权、盗版书籍线索，请联系我社法律事务部
举报电话：（010）88817519　电子邮箱：banquan@fltrp.com
物料号：320410001

记载人类文明
沟通世界文化
www.fltrp.com